재미있는 금강경 강의

세상을 바로 살아가는 안목을 열어 주는 경전

재미있는 금강경 강의

서봉 반산 편저

담앤북스

편저자 서봉瑞峰스님은 현재 도심포교에 매진하고 있지만, 본업이 강사인 줄 모르는 분은 별로 없을 듯합니다. 인연 있는 도량에서 나름대로 포교의 대원大願을 발하여 불철주야 동분서주하고 있으니, 그 또한 오늘을 사는 우리 불제자들이 애써야 할 몫이므로 수희찬탄해 마지않습니다.

이번에 서봉스님이 재가 불자들과 서로 읽으며 공부할 교재로서 『재미있는 금강경 강의』라는 책을 펴낸다 하여 한번 읽어 보니 그 내용이 자못 충실합니다. 불교를 깊이 있게 공부할 사람에게는 부족할지 모르지만 일반 불자들이 『금강경』을 바르게 공부하는 데 조금도 손색이 없음은 물론, 어렵지 않고 재미있게 경전을 접할 수 있는 좋은 기회가 될 듯합니다.

초심 불자들에게 너무 복잡한 교리나 심오한 도리를 말하면 오히려 은산철벽 되는 것이 다반사茶飯事일 것입니다. 하지만 재미있게 편집하려고 애쓴 흔적이 곳곳에 넘치고 있어요. 쉬운 용어 해설과 선화 이야기는 『금강경』과 선의 핵심을 조화롭게 접목하였고, 그러면서도 세친世親보살의 27단의斷疑와 무착無着보살의 18주처住處를 함께하여 고전古典을 충실히 따르고 있습니다.

조계종의 교과서라 할 『금강경』 공부를 해 나가는 데 지남指南의 역할을 담당하기에 충분한 교재이므로 이에 기쁜 마음으로 추천하니 아무쪼록 많은 불자들의 일독을 권하는 바입니다.

불기 2550(2006)년 부처님오신날
봉선사 다경실茶經室에서

월운 노납老衲 서書

　　영가스님의 증도가 첫 구절에 "절학무위한도인絶學無爲閑道人 부제망상불구진不除妄想不求眞 무명실성즉불성無明實性卽佛性 환화공신즉법신幻化空身卽法身"이라 했습니다. 『금강경』에서 주장하는 사상四相을 극복하고, 또 내가 좋은 일을 했더라도 했다는 생각이 없다면 누구나 진정한 나를 바로 볼 수 있다는 뜻이겠지요. 그런 의미에서, 불교의 여러 경전 중에서 『금강경』은 불자들이 반드시 읽어야 하는 필독서이며, 조계종의 교과서로서 스님들은 물론 재가 불자님들도 항상 의지하고 공부해서 성불로 가는 길을 안내해주는 나침반으로 삼아야 할 것입니다.

　　소납이 도심포교당에서 포교의 원력을 세우고 돌이 지난 즈음부터 『금강경』에 대한 교재의 필요성을 절감해 오던 중 선학先學들이 연구해 오신 여러 업적을 아우르고 너무 어렵지 않은 교재용 책을 준비해 왔습니다. 그래서 주로 선적인 인식과 사례를 통한 손에 잡히는 강의가 되도록 노력했습니다. 그러면서도 무착無着

보살의 18주처住處와 세친世親보살의 27단의斷疑를 알기 쉽게 주註로 처리하기도 하고, 제목처럼 앞에 내보이기도 하였습니다.

주지하듯이 『금강경』은 그렇게 길지 않으면서 반야의 지혜를 유감없이 드러낸 경전이고 특히 선사들이 좋아하는 경전입니다. 육조스님께서 의지해 깨달으신 인연은 두고라도 경전의 구성과 그 간결하며 확실한 메시지는 불교를 이해하는 데 더없이 소중한 경전이기 때문에, 예로부터 여러 선지식들이 주註를 내고 자신의 법을 드러내는 좋은 경전으로 삼아 왔습니다. 이제 부족하나마 누구나 편하고 재미있게 읽을 수 있는 교재용 『금강경』 강의본을 내게 되었으니 모두 함께 읽을 수 있는 인연이 되었으면 합니다.

불교가 점차로 경전 공부 위주로 바뀌어 가는 요즈음, 맹목적으로 49재 때 읽던 시대를 지나 모두들 반야의 종지를 바로 이해하는 큰 디딤돌로 『금강경』을 애송하고 옮겨 써서, 경전에서 한결같이 당부하는 '수지독송受持讀誦 위타인설爲他人說'하기를 바라며 발간사에 갈음합니다.

불기 2550(2006)년 부처님오신날
영축선원 다로경권실茶爐經卷室에서

서봉 반산 근지謹識

7

차례

金剛般若波羅蜜經

1
법회인유분
法會因由分

2
선현기청분
善現起請分

3
대승정종분
大乘正宗分

4
묘행무주분
妙行無住分

법회를 시작하게 된 동기

수보리가 부처님께 법문을 청하는 모습

대승의 올바른 종지를 밝힌다

아름다운 수행은 머물러 집착하지 않는다

강의를
시작하면서

『금강경』은 본래 『금강반야바라밀경金剛般若波羅蜜經』이라 하여, 번역하면 '금강 같은 지혜로 저 언덕을 건너가는 경(Vajra Prajña Paramita Sutra)'이라 할 수 있습니다. 또한 조계종의 소의경전으로 가장 널리 읽히는 경전 가운데 하나입니다. 더욱이 조계종의 종조이신 조계 혜능(曹溪 慧能, 638~713)선사는 『금강경』을 인연으로 깨달음을 얻으셨기 때문에 종도로서는 당연히 『금강경』의 가르침을 배울 의무가 있다고 하겠습니다.

그리하여 본 강의를 진행함에 있어서 교재는 중국 역경의 대가이신 구마라집(鳩摩羅什, 343~413)[1] 삼장의 역본을 주로 채택하고 전후 6역六譯 중 현장역본을 부교재로 삼으며, 그 밖의 여러 삼장들의 역본과 오가해五家解를 참고하면서 진행하기로 하겠습니다. 그

---

1 구마라집(鳩摩羅什, 343~413) : 범梵 Kumarajiva. 동수童壽라 번역. 부父 구마라염鳩摩羅炎과 구자국왕龜玆國王의 누이동생 기파耆婆의 사이에서 태어남. 7세에 출가하여 어머니를 따라 여러 곳을 다니며, 북인도 계빈국에서 반두달다盤頭達多에게 소승교를 배우고 소륵국의 수리야소마須梨耶蘇摩에게 대승교를 배운다. 귀국하여 비마라차卑摩羅叉에게 율律을 배우고 후에 주로 대승을 홍포한다. 그 뒤에 후진 요흥姚興이 양凉을 쳐서 401년 스님을 장안으로 모셔 와 국빈으로 예우하고, 서명각西明閣과 소요원逍遙園에서 여러 경전을 번역케 한다.

리고 중국 양梁나라 소명태자(昭明太子, 소통蕭統, 501~531 또는 522)가 분단한 32분에 준하고, 27단의斷疑를 참고하여 살펴보는 방법을 택하겠습니다.

강의를 시작하기에 앞서 '선사들의 법거량'을 '선화 이야기'라는 제목으로 한번 살펴보겠습니다. 또한 『금강경』에 대하여 선법문을 통쾌하고 명확하게 밝혀 주신 야보冶父선사는 송宋대의 고승인데 제1 법회인유분을 처음 시작할 무렵에, ○을 하나 그려 놓았습니다.

선화 이야기 1
스승이 전해 준 일원상을 태워 버리다

여기에 대해 함허 기화(涵虛 己和, 1376~1433)선사의 설의說誼에 운云, 본래 원상을 전한 것은 남양 혜충국사 때부터 시작되었는데, 국사가 탐원耽源에게 전하고 탐원이 앙산仰山에게 전하셨습니다. 탐원이 어느 날 앙산에게 말하였습니다.

"국사께서 육조스님의 원상 97개를 전하여 나에게 주셨는데 열반하실 무렵에 말씀하시기를 '내가 멸한 후 30년 뒤에 한 사미가 남방에서 와서 현묘한 선풍을 크게 떨칠 것이니 전하고 전하여 단절하지 않게 하여라.'고 하였다. 내가 이 참언을 생각해 보니 네가 바로 그 사람이라 너에게 지금 전하노니 잘 받들어

수지하라.”

앙산이 원상을 받고는 바로 태워 버렸습니다.

다음 날 탐원이 다시 말했습니다.

“내가 준 원상을 깊이 잘 간직하라.”

“태워 버렸습니다.”

“귀중한 것인데 어째서 태워 버렸느냐?”

“제가 한 번 보고 나서 그 뜻을 알았고, 쓰면 바로 얻을 수 있으니 옛것을 고집할 필요가 없습니다.”

“너는 그렇게 알지만 나중에 오는 사람들은 어쩌란 말이냐?”

이에 앙산이 새로 하나 그려서 바치니 조금도 잘못됨이 없었습니다.

고인들이 법을 전하는 법도가 이러하였습니다.

반야의 지혜가 번득이는 일화라서 서두에 언급했습니다. 이후 강의 중간에도 이처럼 선사들의 깨달음을 소개하면서 설명을 조금씩 덧붙여 보겠습니다.

그리고 『금강경』을 읽고 수행하는 동안 일상생활의 모습도 웰빙시대에 맞게 바뀌었으면 하는 바람을 갖고 있습니다. 저는 항상 법회 때마다 일찍 자고 일찍 일어나 새벽예불과 기도에 동참하면서, 불자들로 하여금 오래된 생활습관부터 바꾸어 나가는 올바른 생활태도를 가지도록 권유해 왔습니다. 그러기 위해서 첫째, 저녁에 공복空腹으로 잠자기, 둘째, 오전 5시 새벽예불과 기도 동참하기, 셋째, 늦어도 오후 11시에는 잠자리에 들기를 권하고 싶습니다.

이처럼 기본 생활습관이 바뀌고 생체 리듬이 정상이 되면 점차로 오래된 생활문화가 하나둘씩 바뀌기 시작할 것입니다. '금강경 결제'를 하는 마음으로, 백일기도를 시작하는 마음으로 모든 불자님들이 함께 『금강경』을 열심히 수지독송受持讀誦, 위타인설爲他人說하십시다.

❶
법회인유분法會因由分
법회를 시작하게 된 동기

[서분序分]

1-1

(증신서證信序)

이와 같이 나는 들었습니다. 어느 때 부처님께서 거룩한 비구 천이백오십 명과 함께 사위국 기수급고독원에 계셨습니다.

如是我聞하사오니 一時에 佛이 在舍衛國祇樹給孤獨園하사
여 시 아 문　　　　일 시　불　　재 사 위 국 기 수 급 고 독 원

與大比丘衆千二百五十人으로 俱러시니
여 대 비 구 중 천 이 백 오 십 인　　구

1-2

(발기서發起序)

그때 세존께서는 공양 때가 되어 가사를 입고 발우를 들고 걸식하고자 사위대성에 들어가셨습니다. 성 안에서 차례로 걸식하신 후 본래의 처소로 돌아와 공양을 드신 뒤 가사와 발우를 거두고 발을 씻으신 다음 자리를 펴고 앉으셨습니다.

爾時_에 世尊_이 食時_에 著衣持鉢_{하시고} 入舍衛大城_{하사} 乞食
이시　　세존　이　식시　　착의지발　　　　입사위대성　　　　걸식

하실새 於其城中_에 次第乞已_{하고} 還至本處_{하사} 飯食訖_{하시고}
　　　어기성중　　차제걸이　　환지본처　　　반사흘

收衣鉢_{하시며} 洗足已_{하시고} 敷座而坐_{하시다}
수의발　　　　세족이　　　부좌이좌

강설

　법회인유분은 『금강경』의 시작을 알리는 서분序分입니다. 그리고 제2 선현기청분善現起請分부터 제32 응화비진분應化非眞分의 앞부분을 정종분正宗分으로 보고, 제32분의 "불설시경이佛說是經已 장로수보리長老須菩提…… 개대환희皆大歡喜 신수봉행信受奉行"까지를 유통분流通分으로 봅니다.

　먼저 『금강경』의 지혜는 어디에서 나오는 것일까요? 흔히들 『금강경』을 공(空, Sūnya)과 무상無相에 대해서 설해 놓은 경전이라 말합니다. 공은 곧 '텅 비었다'는 뜻입니다. 그냥 아무것도 없이 텅 비었다는 이야기로 오해하는 분이 계실지 모르지만, 여기서는 반야般若[2]의 지혜에 눈을 떠서 일체 모든 것에 걸림 없는 지혜를 공이라 합니다. 그래서 『반야심경』에서 말하는 '오온五蘊이 공한 줄을 비추어 아는 지혜'도 바로 공의 지혜인 것입니다.

　그렇다면 이런 지혜는 어떻게 얻을 수 있나요? 거기에 대해서 말씀하는 경전이 바로 『금강경』입니다. 흔히들 "세상을 살아가

2　반야(Prajñā) : 혜慧, 지혜智慧, 명明의 뜻. 실상을 꿰뚫어 보는 안목.

는 데는 안목이 터져야 한다."라고 합니다. 『금강경』을 이해하는 데에는 아집我執을 벗고 아공我空을 바로 관하고, 법집法執을 벗고 법공法空을 바로 관하고, 또한 그 아공과 법공까지도 모두 공한 [俱空] 줄을 아는 지혜가 있어야 합니다. 그래서 육조스님은 『금강경』 서문에서 "부금강경자夫金剛經者는 무상無相으로 위종爲宗하고 무주無住로 위체爲體하고 묘유妙有로 위용爲用이라."라고 하였습니다.

이제 경문을 보면서 강의를 진행해 봅시다.

그때 세존께서는 공양 때가 되어 가사를 입고 발우를 들고 걸식하고자 사위대성에 들어가셨습니다. 성 안에서 차례로 걸식하신 후 본래의 처소로 돌아와 공양을 드신 뒤 가사와 발우를 거두고 발을 씻으신 다음 자리를 펴고 앉으셨습니다.

『금강경』은 이처럼 승단의 일상생활을 하는 모습에서 말문을 열고 있습니다. 그래서 『금강경』을 '식후경食後經'이라 하기도 합니다. 어쩌면 『금강경』의 매력이 여기에 있는지도 모릅니다. 그저 대의만 살핀다면 '공양 때가 되어서 탁발을 하고 정사로 돌아와 식사를 하고 정리를 마치고 앉았다.'는 내용이지만, 이 속에 부처님께서 하실 말씀을 모두 해 놓으셨다는 선사들의 수많은 사자후가 있습니다.

• **야보**冶父**선사 :**

"정신 차려라![惺惺着]"라고 호통칩니다. 정신 차리지 않으면 앉아서 당하고 만다는 뜻이지요.

"다만 한 대의 구멍 없는 피리[無孔笛]를 잡아서 그대를 위해 태평가를 부르리라. 자비로운 모습 뵙기 어렵다고 말하지 말라. 기원정사 대도량에 아직 그대로 계시느니라."[3]

다시 본 강의에 들어갑니다. 어떤 경전이든 첫 부분을 잘 살펴보아야 합니다. 『법화경』이나 『화엄경』도 첫 부분에서 경의 내용을 어느 정도 내다볼 수 있음을 알 수 있습니다. 『법화경』은 '법화육서法華六瑞'로 상징됩니다. 설법說法, 입정入定, 우화雨華, 지동地動, 중희衆喜, 방광放光 등의 장면으로 무언가 보통 경전과는 다른 내용을 설한다는 암시를 하고 있습니다.

또 『화엄경』은 세존이 처음 깨닫는 장면부터 시작해서 광명이 설법을 하고 공양구에서 방광이 나옵니다. 산하대지 어느 것 하나 부처 아님이 없으며 깨달음 아님이 없습니다. 그래서 보리수 아래에서 혼자 첫 깨달음을 얻었는데도 산하대지가 모두 금강석, 곧 다이아몬드로 되고 우담발화優曇鉢華가 피는 장면, 공양구에서 설법이 나오는 장면 등이 있으므로 『화엄경』의 사상을 상징적으로 대변하는 면이 있음을 알 수 있습니다.

그리고 『금강경』의 경우에 몇 마디 덧붙인다면, 상에 찌든 자

---

3 "只把一枝無孔笛하야 爲君吹起太平歌로다 莫謂慈容을 難得見하라 不離祇園大道場이로다"

들은 『금강경』의 공空을 이해할 수 없으므로 걸식하는 모습을 먼저 보여 주고 있다고 합니다. 실제로 옛 스님들이 탁발에 의존해서 의식을 해결하던 시절로 본다면 식사 해결은 큰 문제이고, 또 그런 만큼 탁발은 아무나 행하는 일이 아니었습니다. 발우를 들고 밥을 빌어 본 사람만이 그 어려움을 안다고 해야 할 것입니다. 거지 노릇도 아무나 할 수 있는 일이 아닙니다. 그래서 스님은 재가자에게 밥을 빌고[乞食] 재가자인 신도는 스님에게 법을 빈다[乞法]고 할까요.

반사흘飯食訖하시고 수의발收衣鉢하시며 세족이洗足已하시고 부좌이좌敷座而坐하시다

참고로 야보 도천(冶父 道川)선사는 송대宋代 임제종 스님으로 성은 적狄씨입니다. 처음에 동재겸東齋謙에 의탁하여 깨달으니 겸謙은 옛 이름인 적삼狄三을 도천道川으로 바꾸었습니다. 뒤에 건염建炎(1127~1130) 초에 천봉天峰에 이르러 정인사淨因寺 반암 계성(蹣庵 繼成, 보용 도평普融 道平의 제자)에 참예하여 인가를 받고 법을 잇습니다. 동재東齋에 돌아와 도속道俗의 공경을 받았으며, 『금강경』을 묻는 이가 있으면 항상 게송으로 답하여 그 유명한 『천노금강경주川老金剛經註』가 되었어요.

선사는 어느 날 『금강경』에 대한 견해를 원상圓相에 견주어 밝히면서 "마하대법왕摩訶大法王이여, 무단역무장無短亦無長이로다. 본래비조백本來非皂白이나 수처현청황隨處現靑黃이로다."라고 하여 유명합니다. 융흥隆興 원년(1163)에 무위군無爲郡(안휘성)의 야보산冶父山 실제선원實際禪院으로 옮겨 머물면서 법을 선양하였습니다. 이 게송은 범어사 대웅전의 주련으로 우리에게 더욱 친근한 명구가 되었습니다. 여기서 전통적으로 선사들이 말씀하시는 투를 봅시다.

• **야보선사** :

"보고 보아라. 평지에 파도를 일으켰구나."**4**

이 구절을 보면서 떠오르는 이야기가 있습니다. 중국 당나라 때 태전 보통(太顚 寶通, 732~824)선사는 자신을 시험하러 온 한퇴지(韓退之 곧 韓愈, 768~824)에게 찻잔에 물을 넘치게 따르며 "당신의 마음을 비워야 나의 법문이 들릴 것이다."라고 일러 준 일이 있습니다.

선화 이야기 2
걸식은 부처님의 위대한 출가정신

여기서 부처님의 위대한 출가에 대해 생각해 봅시다. 부처님

---

4 "冶父云, 看看平地波濤起"

은 『중아함경』 권56에서, "내가 출가한 것은 병듦이 없고, 늙음이 없고, 죽음이 없고, 근심 걱정 번뇌가 없고, 더러움이 없는 가장 안온하고 행복한 삶을 얻기 위해서였다."라고 밝히고 있습니다. 또 위없는 깨달음을 얻은 후 제자들에게 출가 생활에 대해서도 다음과 같이 밝히고 있습니다.

"비구들이여, 출가하여 걸식하는 생활은 온갖 생활 가운데 가장 낮은 생활이다. 그러나 비구들이여, 훌륭한 사람들이 굳이 이 생활을 하는 것은 거룩한 까닭이 있기 때문이다. 그것은 왕에게 강요당해서도 아니고, 도적들에게 쫓겨서도 아니고, 빚을 졌기 때문도 아니며, 두렵고 무서워서도 아니며, 살기가 어려워서도 아니다. 중생들은 태어나서 늙고 병들어 죽어 가며 근심, 걱정, 고뇌 속에 빠져 있다. 괴로움에 빠졌고, 괴로움에 포위되어 있다. 그 축적된 괴로움을 멸하기 위해 우리는 여기에 이른 것이다."

그렇습니다. 이미 약속된 왕자의 지위마저 버린 싯다르타의 출가는 일체중생의 제도와 행복을 위한 무상대도의 실천행인 것입니다. 일반적으로 출가를 말할 때는 네 가지를 이야기합니다. 그 가운데 '몸의 출가'와 '마음의 출가'가 있습니다. 여기서 몸의 출가란 '형상적인 출가'를 말하는 것이고, 마음의 출가야말로 '참된 출가'라고 하겠지요. 즉 온갖 번뇌의 불이 일어나는 불타는 집에서 뛰쳐나와 진리의 언덕에서 진리의 법대로 살아가는 것, 이것을 마음의 출가라고 합니다. 다시 말해서 출가의 참된 의미는 겉의 형상에 있는 것이 아니라 그 내면에서 추구하는 것이란 뜻입니다.

　그러므로 걸식은 『금강경』의 지혜를 얻으려는 수행자들의 좋은 공부 방법인 것입니다. 필자는 실제로 오래전에 시장에서 탁발을 해본 경험이 있습니다. 한두 번쯤은 탁발을 경험해 보는 것도 좋은 수행의 방편일 것입니다.

❷
선현기청분善現起請分
수보리가 부처님께 법문을 청하는 모습

[정종분正宗分]

2-1

(선현신청善現申請)

그때 대중 가운데 있던 수보리 장로가 자리에서 일어나 오른쪽 어깨를 드러내고 오른 무릎을 땅에 대며 합장하고 공손히 부처님께 여쭈었습니다. "경이롭습니다, 세존이시여! 여래께서는 보살들을 잘 보호해 주시며 보살들을 잘 격려해 주십니다. 세존이시여! 가장 높고 바른 깨달음을 얻고자 하는 선남자 선여인이 어떻게 살아야 하며 어떻게 그 마음을 다스려야합니까?"

時에 長老須菩提가 在大衆中이라가 即從座起하사 偏袒右
시   장로수보리   재 대 중 중   즉 종 좌 기   편 단 우

肩하시며 右膝著地하시고 合掌恭敬하사 而白佛言하시되 希有
견   우 슬 착 지   합 장 공 경   이 백 불 언   희 유

世尊하 如來가 善護念諸菩薩하시며 善付囑諸菩薩하시나니
세 존   여래   선 호 념 제 보 살   선 부 촉 제 보 살

世尊하 善男子善女人이 發阿耨多羅三藐三菩提心한이는
세 존   선 남 자 선 여 인   발 아 뇩 다 라 삼 먁 삼 보 리 심

28 재미있는 금강경 강의

應云何住며 云何降伏其心하리잇고
응 운 하 주　 운 하 항 복 기 심

그런데 이 장면에서 뜬금없이 "경이롭습니다."라고 하는군요. 세존께서 아무 말씀도 안 하셨고 아무 일도 없었는데 갑자기 '경이롭다'고 하는 이유는 어디에 있을까요?

• 야보선사 :

부처님은 한마디도 하지 않았는데 난데없이 경이롭다고 하니, "눈 가진 놈은 눈 똑바로 뜨고 보아라."

"담 너머 뿔을 보면 문득 소인 줄 알고, 산 너머 연기를 보면 문득 불인 줄 알아본다. 홀로 앉아 높고 높구나! 천상천하와 남북동서에서 거북이와 기와 조각으로 점을 치는도다. 쯧쯧."[5]

수보리가 누구입니까? 석존의 제자 중에서 반야의 '공'에 대해 가장 잘 이해하는 분입니다. 보통 사람은 잘 눈치채지 못하는 부분을 아는 분이라는 뜻입니다.

---

[5] "如來가 不措一言이어늘 須菩提가 便興讚歎하시니 具眼勝流는 試着眼看이어다"
"隔牆見角에 便知是牛요 隔山見煙에 便知是火로다 獨坐巍巍여 天上天下어늘 南北東西에 鑽龜打瓦로다 咄"

법왕의 법이 이러하니라

선문의 어록인 『종용록從容錄』제1칙에 세존승좌화世尊陞座話를 두었고 『벽암록碧巖錄』에는 제92칙에 두었는데, "세존께서 어느 날 법좌에 오르셨는데, 문수사리가 자리에서 벌떡 일어나 죽비를 딱 치면서 말하기를, '법왕의 법을 자세히 살펴보아라. 법왕의 법이 이러하니라.' 하니 세존께서 자리에서 내려오셨다[세존일일승 좌世尊一日陞座 문수백추운文殊白槌云 체관법왕법諦觀法王法 법왕법여시法王法如是 세존변하 좌世尊便下座]."라고 했습니다.

이것은 선사들의 어록에만 있는 내용이 아니라 『대집경』에도 보이는 내용입니다. 이 속에 훌륭한 설법이 있음을 안다면 수고스럽게 경전을 끝까지 읽을 필요가 없겠지요.

세존은 출가하기 전 봄날 농사하는 풍경을 구경하시다가 등이 터져 상처 난 굼벵이가 독수리의 날카로운 부리에 채여 가는 모습을 보고 인생이 온통 괴로움이요, 생사가 무상함을 느낀 분입니다. 그러니 수보리는 세존께서 걸식하고 돌아와서 발을 씻고 법회하려는 모습에서, "이처럼 도를 닦으라. 아상을 버리고 걸식하면서 오로지 수행을 위해서 살고 중생을 위해 항상 이와 같이 노력하라."는 무언의 당부 말씀을 본 것입니다. 『금강경』에서는 실제로 늘 행하시는 일상생활의 모습 속에서 도 닦는 방법을 보여 주신 것이지요.

또 선가에서는 '삼처전심三處傳心'을 말합니다. 이는 잘 아시다시피 세 곳에서 무언의 대화 속에 법을 전하는 선적禪的인 전법傳法 형식입니다. 첫째, 염화미소拈花微笑, 둘째, 다자탑전분반좌多子塔前分半座, 셋째, 곽시쌍부槨示雙趺입니다. 평소 일상의 탁발하는 모습에서 부처님의 유훈遺訓을 발견할 수 있어야 뛰어난 수행자일 것입니다.

그러니 『금강경』에서는 삼처전심처럼 세존과 수보리 사이에 이런 지혜의 대화, 무언의 대화가 있었다고 봐야 합니다.

그러고는 구체적으로 다음과 같이 질문합니다.

세존이시여! 가장 높고 바른 깨달음을 얻고자 하는 선남자 선여인이 어떻게 살아야 하며 어떻게 그 마음을 다스려야 합니까?[6]

이 장면에서 우리는 『금강경』의 세 가지 주제를 알아야 합니다. 이른바 주住 · 수修 · 항降에 대한 세 가지 질문입니다. 여기서

---

6 아눗다라삼약삼보디를 『표준금강경』에서는 '가장 높고 바른 깨달음'이라 번역하고, 주住 · 수修 · 항降에 대한 세 가지 질문을 "어떻게 살아야 하며 어떻게 그 마음을 다스려야 합니까?"라고 번역하였다. (독송본 『표준금강경』 5쪽, 교육원편, 조계종출판사刊, 2009)

잠시 현장역본玄奘譯本을 참고하겠습니다. "세존世尊 제유발취보살
승자諸有發趣菩薩乘者 응운하주應云何住 운하수행云何修行 운하섭복기심
云何攝伏其心"이라 합니다.

또 보리류지菩提流支 역譯에는 "발아눗다라삼약삼보디심發阿耨多羅
三藐三菩提心 응운하주應云何住 운하수행云何修行 운하항복기심云何降伏其
心"이라 하였습니다.

이 말씀은 앞의 말씀 중 "여래께서는 보살들을 잘 염려하여 보
호해 주시고 보살들을 잘 당부하여 주십니다."라는 말씀을 못 알
아듣는 중생을 위해 풀어서 설명하는 것입니다. 그래서 선사들
은 이미 할 말을 다했는데, 이다음부터는 못 알아듣는 중생을 위
해 자비로 설해 주는 감로법문甘露法門인 셈입니다.

여기서 한마디 덧붙인다면, 평소에 우리가 살아가는 일상생활
속에서 항상 최선을 다하는 것이 바로 『금강경』의 지혜를 실천
하는 길일 것입니다. 아버지는 아버지로서, 자식은 자식으로서,
어머니는 어머니로서 최선을 다하고, 사회 구성원은 그 직책에
맞는 역할을 다하는 것이 바로 『금강경』의 길입니다. 최선을 다
하지 않고 열심히 노력하지 않고, 부당하게 남을 비방하거나 헐
뜯고 힘 있는 자에게 빌붙어서 무엇을 얻으려는 생각, 바로 그
삿된 마음을 항복 받아야 할 것입니다.

위 현장역본에서 섭복攝伏이란 곧 항복이며, 두 본을 보니 나집
본에는 생략된 운하수행云何修行이 되살아난 것입니다. 따라서 "어
디에 머무를까? 어떻게 수행할까[別問]? 어떻게 그 마음을 항복시
킬까[總問]?"라는 질문이 됩니다.

이에 대한 대답으로 다음과 같이 말씀하신다고 봅니다.

"네 가지 마음에 머물라[住四心].

육바라밀을 닦아 행하라[修六度].

네 가지 모양에 집착하지 마라[降四相]."

아래 대승정종분에 가서 다시 살펴봅시다.

선화 이야기 4

신발을 거꾸로 신은 사람이 산 부처이니라

옛 어른들이 한결같이 말씀하시기를 집에 있는 부처님을 잘 모시라 했습니다. 통도사의 경봉鏡峰선사께서는 생전에 교화를 펴실 때 항상 쉬운 가르침을 펴곤 하셨는데, 한번은 시골 어느 부잣집 맏며느리가 극락암에 와서 생남불공生男佛供을 열심히 하였답니다. 노선사는 의서醫書를 읽으셔서 한때는 침鍼 한 대만 잘 맞으면 난산難産하던 부인네도 바로 순산順産을 하게 했다는 소문이 자자했습니다. 그래서 아무것도 부러울 것 없지만 단 한 가지, 아들을 갖고 싶었던 이 부잣집 며느리는 떡두꺼비 같은 아들을 점지해 달라고 극락암 관세음보살님께 매달리곤 했습니다.

그런데 그날도 초하루를 맞아서 열심히 산을 타고 올라와 절에 와서 법당에만 잠시 인사를 하고, 큰스님께 '아들 잘 낳는 특별한 방법'을 가르쳐 달라고 조를 판이었습니다. 큰스님께 절을 예쁘게 하고는 여쭈었습니다.

"제가 백일치성百日致誠을 이렇게 열심히 드리는데도 도무지 소식이 없으니 어떻게 하면 아들을 낳을 수 있겠습니까?"

그러자 스님께서 한참을 물끄러미 보시더니만 물으셨습니다.

"정말로 아기를 갖고 싶으냐?"

"네, 스님. 제발 좋은 방책을 일러 주십시오."

"그래! 그렇게 아들을 갖고 싶으냐? 그럼 내가 일러 주는 대로 할 수 있겠느냐?"

"스님, 말씀만 내려 주시면 그대로 실천하고 말고요!"

"그래! 그럼 오늘은 절에서 불공은 올리지 말고 집에 바로 가서 산 부처에게 불공을 올려야 하느니라."

"네? 스님, 무슨 말씀이신지! 살아 계신 부처님이 저희 집에 계시다고요?"

"그래! 네가 지금 이 길로 곧장 집으로 들어가면 신발을 거꾸로 신은 사람이 산 부처이니, 네가 그분을 잘 모시면 머지않아 좋은 소식이 있을 것이다."

"네, 스님! 명심하겠습니다."

그 길로 집으로 곧장 달려간 며느리는 문에 들어서자마자 신발을 거꾸로 신고 나와서 문을 열어 주시는 늙은 시어머니를 발견하고 깜짝 놀라게 되었지요. 왜냐하면 재취再娶로 늦게 시어머니가 되었을 뿐만 아니라 일자 무식꾼인 하천한 신분의 시어머니인지라 평소에 구박을 심하게 했던 터였는데, 시어머니는 며느리가 없는 틈을 타서 바가지에 맛있게 밥을 비벼서 배불리 먹으려다가 돌연 문을 열어 달라는 하늘 같은 며느님의 소리를 듣고 급하게 나오느라고 신발을 거꾸로 신고 만 것입니다.

그날 저녁 남편과 상의 끝에 다음 날 아침 밥상부터는 어머니 상을 따로 차려 드리고 맛있는 반찬을 올려 드리기로 했습니다. 왜냐하면 평소에는 말만 시어머니지 시아버지 돌아가신 후로는 하녀처럼 구박했던 터였던 것입니다. 하지만 아들 낳을 오직 한 생각과 부처님과 같으신 큰스님께서 일러 주신 말씀인지라 그대로 실천하였고, 오래지 않아 태기胎氣가 있더니 마침내 옥동자를 낳게 되었던 것입니다. 그야말로 산 부처에게 불공을 드린 셈입니다.

·

2-2

(여래찬허如來讚許)

부처님께서 말씀하셨습니다. "훌륭하고 훌륭하다. 수보리여! 그대의 말과 같이 여래는 보살들을 잘 보호해 주며 보살들을 잘 격려해 준다. 그대는 자세히 들으라. 그대에게 설하리라. 가장 높고 바른 깨달음을 얻고자 하는 선남자 선여인은 이와 같이 살아야 하며 이와 같이 그 마음을 다스려야 한다."

佛言하시되 善哉善哉라 須菩提야 如汝所說하야 如來가 善護
불언   선재선재   수보리 여여소설   여래   선호

念諸菩薩하며 善付囑諸菩薩하노니 汝今諦聽하라 當爲汝
념 제 보 살　　선 부 촉 제 보 살　　　여 금 체 청　　　당 위 여

說호리라 善男子善女人이 發阿耨多羅三藐三菩提心한이는
설　　　선 남 자 선 여 인　　발 아 녹 다 라 삼 먁 삼 보 리 심

應如是住하며 如是降伏其心이니라
응 여 시 주　　　여 시 항 복 기 심

• 야보선사 :

"너는 기뻐도 나는 기쁘지 않구나.

그대는 슬퍼도 나는 슬프지 않네!

기러기는 북쪽으로 날아갈 것을 생각하고

제비는 옛집으로 돌아올 것을 생각하는데

가을 달과 봄 꽃의 무한한 뜻은

그 속에서 다만 자신만이 알 뿐이로다."[7]

그리는 여기에 사족蛇足을 붙였으니,

"가끔 가끔은 일이란 것이 자세히 부촉함으로 인해 생기기도
한다네."

"손이 일곱이요 다리가 여덟이며, 머리는 신이요 얼굴은 귀신
이라, 막대기로 쳐도 달라지지 않고 칼로 베어도 끊어지지 않는
다."[8] 라고 꼬리를 살짝 보였군요!

7　"你喜我不喜요 君悲我不悲라 鴈思飛塞北하고 燕憶舊巢歸로다 秋月春花無限意
　　를 箇中에 只許自家知니라"
8　"往往事因叮囑生이로다" "七手八脚이요 神頭鬼面이라 棒打不開요 刀割不斷이라
　　閻浮踔躑幾千迴오 頭頭不離空王殿이로다"

2-3

(선현저문善現佇聞)

"예, 세존이시여!"라고 하며 수보리는 즐거이 듣고자 하였습니다.

唯然世尊하 **願樂欲聞**하노이다
유 연 세 존　　원 요 욕 문

강설

함허涵虛선사의 설의說誼에 운云,

"사람 사람의 그릇이 닦고 다스림을 빌리지 않아도 본래 스스로 원만히 이루었거늘 공생空生(수보리)이 이것으로써 묻는 것은 비록 금이긴 하지만 마침내 녹여야 새롭게 성취되는 것이다. 이는 선재善財동자가 복성福城 동쪽 언덕에서 처음 문수보살을 만나서 한꺼번에 법계를 증득하고서도 53선지식을 친견하여 낱낱 선지식의 처소에서 묻되, '내가 이미 보리심을 발하였으니 어떻게 보살의 길을 배우며 어떻게 보살행을 닦으리이까?' 한 것과 같은 이치이다."[9]

수보리와 부처님의 대화 속에서 납득이 잘 가지 않는 부분이

---

9 "人人分上에 不假修治하야도 本自圓成이어늘 空生이 以此로 問者는 雖復本來金이나 終以銷成就니 此는 正同善財가 於福城東畔에 初遇文殊하사 頓證法界하고 歷參五十三善知識하야 於一一善知識所에 白言호대 我已先發菩提心호니 云何學菩薩道며 修菩薩行이니라"

있을지도 모릅니다. 대화가 없는 가운데 벌써 법회장의 상황과 전체적인 모양으로 이미 서로 말없이 대화가 오고 간 것입니다. 그러므로 "착하고 착하다. 이렇게 머무르고 이렇게 항복 받아야 한다."라고 말씀하시는 것입니다. 이런 모습은 다른 경전에서도 무언 속에서 상황 설명을 통해 질문과 대답이 오가는 장면을 찾아볼 수 있습니다.[10]

---

10 이는 경전 공부의 중요한 포인트가 됩니다. 무언 속의 대화를 이해하는 편이 어쩌면 경을 보는 안목일 것입니다. 글자 밖에서 벌어지는 이심전심以心傳心의 대화를 챙겨야 하는 이유가 여기에 있습니다.

❸

대승정종분 大乘正宗分

대승의 올바른 종지를 밝힌다

3-1

(여래정설如來正說) (정답소문正答所問)

一. 발심주發心住

부처님께서 수보리에게 말씀하셨습니다. "모든 보살마하살은 다음과 같이 그 마음을 다스려야 한다. '알에서 태어난 것이나, 태에서 태어난 것이나, 습기에서 태어난 것이나, 변화하여 태어난 것이나, 형상이 있는 것이나, 형상이 없는 것이나, 생각이 있는 것이나, 생각이 없는 것이나, 생각이 있는 것도 아니고 없는 것도 아닌 온갖 중생들을 내가 모두 완전한 열반에 들게 하리라. 이와 같이 헤아릴 수 없이 많은 중생을 열반에 들게 하였으나, 실제로는 완전한 열반을 얻은 중생이 아무도 없다.'

佛告須菩提하시되 諸菩薩摩訶薩이 應如是降伏其心이니
불 고 수 보 리   제 보 살 마 하 살   응 여 시 항 복 기 심

所有一切衆生之類인 若卵生과 若胎生과 若濕生과 若化
소 유 일 체 중 생 지 류   약 난 생   약 태 생   약 습 생   약 화

生과 若有色과 若無色과 若有想과 若無想과 若非有想非無
생   약 유 색   약 무 색   약 유 상   약 무 상   약 비 유 상 비 무

想을 我皆令入無餘涅槃하야 而滅度之호리니 如是滅度無
상   아 개 영 입 무 여 열 반   이 멸 도 지   여 시 멸 도 무

量無數無邊衆生호대 實無衆生得滅度者니라
량 무 수 무 변 중 생   실 무 중 생 득 멸 도 자

3-2

왜냐하면 수보리여! 보살에게 자아가 있다는 관념, 개아가
있다는 관념, 중생이 있다는 관념, 영혼이 있다는 관념이 있다
면 보살이 아니기 때문이다.”

何以故오 須菩提야 若菩薩이 有我相人相衆生相壽者相
하 이 고   수 보 리   약 보 살   유 아 상 인 상 중 생 상 수 자 상

하면 即非菩薩이니라
즉 비 보 살

강설

여기서 사생육도四生六道에 대해 생각해 보겠습니다. 『구사론俱舍
論』 제8 「분별세품分別世品」의 게송입니다.

인간과 축생은 사생이 다 있고
지옥과 천상은 오로지 화생뿐이요
귀신(아귀 · 아수라)은 태생과 화생에 통한다네.

[인방생구사人傍生具四   지옥급제천地獄及諸天

중유유화생中有唯化生   귀통태화이鬼通胎化二]

여기에는 비유색非有色, 비무색非無色이 빠졌으니, 곧 나무나 돌에 붙어 사는 정령精靈이나 도깨비의 무리가 바로 비유색, 비무색입니다. 이를 합하면 12부류 중생이 됩니다. 여기에 얽힌 재미난 설화가 있으니 한번 살펴봅시다.

선화 이야기 5
천 년 묵은 묘목墓木과 천 년 묵은 여우

중국 서진(西晉, 265~316) 때 장화張華라는 박물군자博物君子가 살았는데, 그 집 근처에는 천 년 묵은 묘목墓木과 천 년 묵은 여우가 있었어요. 천 년 묵은 여우는 묘목과 다정한가 하면, 소년으로 변신하여 장화선생에게도 자주 놀러 갔습니다.

이때 소년은 '인간은 불과 백 년밖에 못 사는데 장화선생은 어찌 내가 보고 들은 천 년 이래의 일을 저리도 잘 알까?' 하고 생각하였지요. 그러고는 묘목에게 이런 말을 하니 묘목이 왈, "그 집에 자주 드나들지 마라. 인간에게는 글이라는 것이 있어서 경험을 전달하는 재주가 있으니, 행여 네게 화가 미칠지도 모른다."라고 하였어요.

이때 장화선생도 "그 아이가 불과 열 살인데 어찌 그리 총명하게 천 년 역사를 잘 알까? 더구나 그 애가 '비가 오겠으니 가렵니다.' 하면 꼭 비가 오곤 하니 그는 분명 무슨 정령일 것이야. 천 년 묵은 뽕나무를 태운 불에 비추어 보면 정령의 정체를 알 수 있다는 말이 있는데, 마침 뒷산의 묘목이 천 년이 되었다 하니 한번 시험해 보리라." 하였습니다.

그 후 어느 날 평소와 같이 저물녘에 소년이 왔습니다. 장화선생은 그 소년을 묶어 두었다가 날이 어두워지자 묘목을 뽑아 불을 피우고 자세히 살펴보니 천 년 묵은 여우만 보였다고 합니다.

이 이야기는 말을 조심해야 한다는 경구警句로도 자주 인용되곤 하는 설화입니다.

다시 본 강의로 돌아갑니다. 여기서 먼저 '네 가지 마음'에 대해 살펴보도록 합시다.

① 내가 모두 완전한 열반에 들게 하리라. ② 이와 같이 헤아릴 수 없이 많은 중생을 ③ (끊임없이) 열반에 들게 하였으나, ④ 실제로는 완전한 열반을 얻은 중생이 아무도 없다. 왜냐하면 수보리여! 보살에게 자아가 있다는 관념, 개아가 있다는 관념, 중생이 있다는 관념, 영혼이 있다는 관념이 있다면 (진정한) 보살이 아니기 때문이다.

경문 속에 번호로 표시한 부분을 잘 보십시다.

① '무여열반無餘涅槃'[11]은 바로 최고의 열반, 곧 완전한 열반을 말합니다. 이를 '제일가는 마음[第一心]'이라 합니다.

② 한량없고 수없는 중생을 남김없이 모두 제도하므로 '넓고 큰 마음[廣大心]'이라 합니다.

③ '끊임없이'는 '항상한 마음[常心]'을 뜻합니다.

④ 하지만 실제로는 한 중생도 내가 제도했다는 생각이 없습니다. 이를 '뒤바뀌지 않은 마음[不顚倒心]'이라 합니다.

이 부분은 미륵보살의 제2 게송에서 확인해 볼 수 있는 내용입니다.

광대제일상廣大第一常   기심부전도其心不顚倒
이익심심주利益深心住   차승공덕만此乘功德滿

광대심과 제일심과 상심으로
그 마음 뒤바뀌지 않으면
이익 줌이 깊은 마음에 머무르니
이 수행자의 공덕 원만하리.

위의 게송에서 네 가지 마음을 간추려 본 것입니다.

---

11 무여열반無餘涅槃 : Anupadhíeṣa-nirvṇa. 완전한 열반, 곧 『반야심경』의 구경열반究竟涅槃을 가리킨다.

이런 마음으로 중생을 제도하는 보살은 얼마나 아름다운 사람이겠습니까! 그래서 『법화경』에서는 불국토의 형상을 이야기하면서 '인보장엄人寶莊嚴'이라 합니다. 바로 사람이 보배라는 말입니다. 그러고는 네 가지 모양에서 벗어날 것[降四相]을 주문합니다. 그런데 위의 네 가지 마음[12]에 머무는 사람은 네 가지 모양에 걸리지 않을 것입니다. 이처럼 네 가지 마음에 의지하여 네 가지 모양에 걸리지 않는 사람이 바로 『금강경』에서 요구하는 보살의 인격입니다. 이런 인격을 가진 보살은 자연히 평소 생활에서 육바라밀을 실천하고 있을 것입니다. 그래서 나집羅什 삼장은 수육도修六度 부분을 일부러 빠뜨린 것입니다. 그러니 어디에 머무를까[住], 어떻게 수행할까[修] 하는 두 가지 질문은 개별적 질문[別問]이 되고, 마음을 어떻게 항복시킬까[降]는 종합적인 질문[總問]이라 정리해 둡시다.

'네 가지 모양'은 어떤 것일까요?

사상四相[13]은 곧 아상我相 · 인상人相 · 중생상衆生相 · 수자상壽者相이니, 첫째, 아상은 '나'가 최고라는 생각, 항상 주인 노릇[常一主宰]하는 내가 있다는 생각을 말합니다. 하지만 우리 몸은 단순히 오

---

12 무착보살의 십팔주처로는 제1 발심주發心住로서 제3 대승정종분에서 "보살은 네 가지 마음에 머물러야 한다."라고 가르치신 대목이며 십신十身과 십주十住 모두에 해당합니다.

13 사상四相 : 조계종 역경위원회에서 새로 번역한 『표준금강경』에는 '자아가 있다는 관념, 개아가 있다는 관념, 중생이 있다는 관념, 영혼이 있다는 관념'으로 번역하였다.

온五蘊[14]의 임시 집합체일 뿐입니다.

둘째, 인상은 '나는 사람이요, 축생이나 귀신이 아니다. 인연 따라 육취六趣에 왕래할 것이다.'라는 생각입니다.

셋째, 중생상은 여러 인연에 의해 살아가는 존재라고 생각하는 것을 말합니다.

넷째, 수자상이란 일정한 기간 동안 살아 있을 것이라는 생각, 또는 오랫동안 살 수 있으리라고 생각하는 것을 말합니다.

이렇게 네 가지 상은 곧 우리의 생각이요, 깨달음에 의해 타파되는 것이지만, 우리는 일상에서 상식적으로 그렇게 생각하게 됩니다.

또한 네 가지 상은 모두 아상에서 출발한다고 합니다. 『반야심경』에서 공부하였듯이 오온, 즉 내가 공한 것을 비추어 아는 지혜가 있다면 모두 봄눈 녹듯이 사라지는 내용입니다. 어떤 이는 부처님이 설하신 경전 모두가 결국 "'나'라는 생각, 내가 최고라는 생각을 없애라."는 내용이라고 말하기도 합니다. 참으로 옳은 말입니다.

여기서 '대승'에 대해 잠시 살펴보십시다. 대승(大乘, Mahāyāna)이란 '큰 수레'라는 말로 '최고이다', '훌륭하다', '위대하다'는 뜻을 가집니다. 나와 남을 함께 깨닫게 하는 법, 나와 남이 본래

---

14 오온五蘊(오취온五取蘊) : Panca-skandha를 말한다. 곧 물질(色, 地·水·火·風의 집합)과 정신작용인 느낌(受, 감수작용), 생각(想, 표상작용), 지어 감(行, 의지작용), 인식(識, 의식작용)을 총칭한다.

하나인 줄 아는 법을 말합니다. 여기에 반대 개념으로 소승(小乘, Hīnayāna)이 있습니다. '작은 수레'라 번역하고 부파불교의 교법을 신봉하는, 곧 '단번뇌斷煩惱 득보리得菩提'의 가르침을 실천하고 철저한 계율 생활과 자신의 깨달음에만 힘쓰는 가르침을 말합니다. 하지만 여기서는 이러한 대·소승의 구분이 모두 사라지고 온갖 구류중생九類衆生[15]을 모두 제도하겠다고 발심한 최상승의 가르침이라 말합니다.

그렇다면 대승불교에서 '보살'이란 어떤 인격일까요. 『법화경』에서 보살은 부처님과 동격으로 보고 있음을 알 수 있습니다. 이런 분을 과위보살果位菩薩 또는 보처보살補處菩薩[16]이라 지칭하는데, 곧 불과佛果에 오른 분이지만 다른 사람의 성불을 돕기 위해 보살로 시현하는 분을 가리키는 말입니다. 그 외에 아직 수행이 끝나지 않은 지위의 보살을 인위보살因位菩薩 또는 인행보살因行菩薩이라 하지요. 또한 불교를 좋아하고 수행하는 모든 불교인을 대승에서는 인위보살이라 합니다.

그러므로 초기불교시대에 부처님의 수행시절을 지칭하던 용어이던 것이, 점점 의미가 확대되어 문수·보현·관음·지장 등 4대 보살은 과위보살이요, 사찰에 다니며 열심히 공부하고 봉사

---

15 구류중생九類衆生 : 난생卵生, 태생胎生, 습생濕生, 화생化生, 유색有色(몸뚱이 있는 중생), 무색無色(몸뚱이 없는 중생), 유상有想(생각 있는 중생), 무상無想(생각 없는 중생), 비유상비무상非有想非無想(생각이 있기도 하고 없기도 한 중생)으로 나눈 말이다.

16 보처보살補處菩薩은 '일생보처一生補處'라고도 하는데 한 생만 더 보살로 수행하면 다음 생에 바로 성불하는 보살을 지칭하는 말이다.

하는 불자들은 모두 인위보살이라 칭함을 알아야 합니다.

• 야보선사 :

"이마는 하늘을 향하여 땅 위에 서 있고, 코는 수직으로 눈은 가로놓였도다."

"당당한 대도여! 밝고 밝아 분명하도다. 사람 사람이 본래 갖추었고 낱낱이 원만하게 이루어졌도다. 단지 한 생각 차질이 생겨 만 가지 형상으로 벌어졌도다."[17]

여기에 대해 함허선사는, "당당한 대도여! 확연하여 항하사 세계에 두루 펼쳐졌도다. 밝고 밝아 분명함이여! 그 빛이 만상萬象을 머금었구나! 사람 사람이 본래 갖추고 있나니, 옷 입고 밥 먹는 것이나 손가락을 튕기고 눈썹을 껌뻑임이여! 다른 사람에게 달린 게 아니요, 낱낱이 원만함이여, 몸을 돌리고 구부리거나 기지개 켜거나 기침하는 일들은 남의 힘을 빌리지 않는도다. 구류가 함께 한 법계에 사는지라 붉은 비단 장막 위에 진주를 뿌려 놓음과 같도다."[18]라고 하였습니다.

---

17 "頂天立地요 鼻直眼橫이로다" "堂堂大道여 赫赫分明이라 人人本具하고 箇箇圓成이라 祇因差一念하야 現出萬般形이로다"

18 "堂堂大道여 廓周沙界요 赫赫分明이여 光吞萬像이로다 人人本具여 著衣喫飯과 彈指揚眉를 不要別人이요 介介圓成이여 折旋俯仰과 欠伸謦咳를 不借他力이로다 九類同居一法界라 紫羅帳裡撒眞珠로다"

선화 이야기 6

남을 위해 살면 보살이요,
자기를 위해 살면 중생인 게야

1960년대 초반, 박정희 군사독재정권 치하에서 대통령의 권한은 그야말로 막강했지요. 대통령의 부인 육영수陸英修여사가 서울 우이동 삼각산 도선사로 청담(靑潭, 1902~1971)스님을 친견하러 온 적이 있습니다. 당시 도선사를 가려면 누구든 수유리 종점에서부터 걸어가지 않으면 안 되었는데, 그것도 장장 3㎞가 넘는 비탈길이었지요. 육여사가 그 멀고 가파른 산길을 걸어 도선사에 올라오니, 제자인 현성스님이 청담스님께 급히 아뢰었어요.

"큰스님, 대통령 영부인께서 오셨사온데, 스님께 인사부터 올리시겠다 합니다."

청담스님은 고개를 저으셨습니다.

"무슨 소리! 누구든 절에 왔으면 부처님께 절부터 올려야 하는 법, 석불전石佛殿부터 참배토록 해야 할 것이야."

"예, 스님. 그리하도록 모시겠습니다."

그래서 제자 현성은 육여사를 석불전으로 안내하여 부처님께 인사부터 올리게 했습니다. 당시 육여사는 도선사에 며칠 머물면서 '대덕화大德華'라는 불명을 받고 석불전에 지극정성 불공佛供을 올렸다고 합니다.

청담스님은 이때 간곡히 당부했습니다.

"대덕화는 이제부터라도 보살행을 부지런히 닦아야 해."

"어떻게 닦아야 하는지요, 스님?"

청담스님이 나직이 말씀하셨지요.

"남을 즐겁게 하는 것이 보살이요, 남을 이롭게 하는 것이 보살이요, 남을 살리는 것이 보살이야."

"그러면 오로지 남을 위해서만 살아라, 그런 말씀이시옵니까?"

"남을 위해 살면 보살이요, 자기를 위해 살면 중생인 게야."

"예. 잘 알겠습니다, 스님!"

이때 청담스님으로부터 보살계를 받고 간곡한 당부 말씀을 들은 덕분이었을까! 그 후 육여사는 그윽하고 청초하고 겸손한 자세로 늘 국민들에게 후덕한 모습을 보여 주었습니다. 육여사가 도선사에 머물고 있는 동안 청담스님은 몇 번이고 몇 번이고 보살행을 실천할 것을 당부하곤 하셨지요.

"이것 봐, 대덕화보살. 그대는 앞으로 참다운 보살행을 많이 실천해야 할 것이야."

"예, 스님. 명심하겠습니다. 하온데 스님……."

"왜?"

"스님께서는 국모國母한테도 '너, 너' 하십니까?"

"무엇이라고? 국모라고 그랬나?"

"옛날 같으면 그렇다는 말씀입니다, 스님."

육여사는 여전히 웃으면서 그렇게 말했습니다.

청담스님이 정색을 하고 말씀하셨어요.

"그렇다면 내 국모 대접을 제대로 해 줄 테니 어디 한번 받아

보겠는가?"

"아, 아이고, 아닙니다요, 스님! 스님께서 스스럼없이 너 너 해 주시니, 꼭 친정아버님을 보는 것 같아서 제가 어리광 한번 부려 봤습니다."

"허허허…… 어리광이라…… 허허허."

청담스님은 그날, 이 나라 최고의 권력자 대통령의 부인을 앞에 두고 호호탕탕 크게 웃으셨습니다.

겨울철, 청담스님의 걸망 속에는 언제나 꽃삽이 들어 있었는데, 산길을 내려오다가 혹은 산길을 올라가시다가 비탈길에 눈이나 얼음이 얼어붙어 있으면 반드시 그 꽃삽으로 미끄러운 눈과 얼음을 떼어 내시는 것이었지요. 당신은 이미 지나왔지만, 뒤에 올 사람을 위해 비탈길의 얼음을 꼭꼭 떼어 내던 스님, 바로 그분이 청담스님이셨어요. 청담스님이 강조하시던 보살행은 멀리 있는 거창한 것이 아니라, 우리가 생활 속에서 실천할 수 있는 행주좌와 어묵동정 속에 있었던 것입니다.

"천당과 지옥은 멀리 있는 게 아니다. 바로 우리 사람의 마음 속에 있다."

❹
묘행무주분妙行無住分
아름다운 수행은 머물러 집착하지 않는다

4-1

二. 바라밀상응행주波羅蜜相應行住

"또한 수보리여! 보살은 어떤 대상에도 집착 없이 보시해야 한다. 말하자면 형색에 집착 없이 보시해야 하며 소리, 냄새, 맛, 감촉, 마음의 대상에도 집착 없이 보시해야 한다. 수보리여! 보살은 이와 같이 보시하되 어떤 대상에 대한 관념에도 집착하지 않아야 한다. 왜냐하면 보살이 대상에 대한 관념에 집착 없이 보시한다면 그 복덕은 헤아릴 수 없기 때문이다.

復次須菩提야 菩薩이 於法에 應無所住하야 行於布施니 所
부 차 수 보 리   보살   어법   응무소주   행어보시   소

謂不住色布施며 不住聲香味觸法布施니라 須菩提야 菩
위 부 주 색 보 시   부 주 성 향 미 촉 법 보 시   수 보 리   보

薩이 應如是布施하야 不住於相이니 何以故오 若菩薩이 不
살   응 여 시 보 시   부 주 어 상   하 이 고   약 보 살   부

住相布施하면 其福德을 不可思量이니라
주 상 보 시   기 복 덕   불 가 사 량

수보리여! 그대 생각은 어떠한가? 동쪽 허공을 헤아릴 수 있
겠는가?" "없습니다, 세존이시여!" "수보리여! 남서북방, 사이
사이, 아래 위 허공을 헤아릴 수 있겠는가?" "없습니다, 세존이
시여!" "수보리여! 보살이 대상에 대한 관념에 집착하지 않고 보
시하는 복덕도 이와 같이 헤아릴 수 없다. 수보리여! 보살은
반드시 가르친 대로 살아야 한다."

須菩提야 於意云何오 東方虛空을 可思量不아 不也니이다 世
수보리   어의운하   동방허공   가사량부   불야   세

尊하 須菩提야 南西北方과 四維上下虛空을 可思量不아 不也
존   수보리   남서북방   사유상하허공   가사량부   불야

니이다 世尊하 須菩提야 菩薩의 無住相布施하는 福德도 亦復如
세존   수보리   보살   무주상보시   복덕   역부여

是하야 不可思量이니라 須菩提야 菩薩이 但應如所教住니라
시   불가사량   수보리   보살   단응여소교주

강설

• 야보선사 :

"만일 세상에서 살아가려 한다면 한 가지 특출한 재주를 가져
야 한다."

"중국의 십양금十樣錦 비단에 꽃을 수놓으니 색이 더욱 곱도다.
분명한 뜻을 알고자 하면 북두칠성을 남쪽으로 향해 볼지어다.

허공은 털끝만 한 생각도 거리끼지 않으니 이런 까닭에 대각선大
覺仙이라 이름한다네."¹⁹

여기서 금강경의 비유가 나옵니다. ① 동방허공의 비유입니다.

① "수보리여! 그대 생각은 어떠한가? 동쪽 허공을 헤아릴
수 있겠는가?" "없습니다, 세존이시여!" "수보리여! 남서북방,
사이사이, 아래 위 허공을 헤아릴 수 있겠는가?" "없습니다,
세존이시여!" "수보리여! 보살이 대상에 대한 관념에 집착하
지 않고 보시하는 복덕도 이와 같이 헤아릴 수 없다."

허공은 본래 광대하기가 한량없는 것입니다. 그런데 얼마나 큰
지 생각할 수 있겠느냐고 질문하였고, 수보리는 상상할 수 없다
고 대답합니다. 그리고 마지막으로 "보살은 반드시 가르친 대로
살아야 하느니라."라고 하십니다. 그런데 여기서 『금강경』에서
쓰이는 머무를 주住 자字에 대해 알아야 할 텐데요. 왜냐하면,
 (1) 어떤 때는 '의지하다' 곧 의依 자의 의미로 쓰입니다. 네 가지
마음에 머물라는 주사심住四心은 '의사심依四心'이라는 뜻입니다.
 (2) 또 '집착한다' 곧 주착住着의 의미로 쓰입니다. '응무소주이
생기심應無所住而生其心'과 같은 경우입니다.

---

19 "若要天下行인댄 無過一藝强이니라" "西川十樣錦에 添花色轉鮮이라 欲知端的
意인댄 北斗를 面南看이어다 虛空이 不閡絲毫念이라 所以彰名大覺仙이니라"

(3) '응운하주應云何住며 운하항복기심云何降伏其心' 할 때의 주住는 곧 수修 자의 의미입니다.

이처럼 주住는 여러 의미로 쓰이기 때문에 가끔은 혼란스러울 수도 있습니다. 머무는 바 없이 머물기 때문에 집착이 없으며, 의지함 없이 의지하므로 걸림이 없습니다. 또 머무는 것도 잘만 머문다면 훌륭한 수행이 되는 것입니다. 그러므로 주住 자는 『금강경』을 잘 읽는 '키워드'가 될 것입니다.

여기서 '아름다운 수행'에 대해 설명하면 이는 곧 무주상보시無住相布施[20]를 가리키는 말인데, 세친世親보살의 게송을 참고해 봅시다.

단의섭어육檀義攝於六　　자생무외시資生無畏施
차중일이삼此中一二三　　명위수행주名爲修行住

보시의 의미는 육바라밀을 포섭합니다.
자생으로 보시하고 두려움 없음으로 보시하는 이 가운데
재시는 단나바라밀을, 무외시는 시라바라밀과 비리야바라밀을,
법시는 선정·정진·지혜바라밀을 포섭합니다.

---

20 이것은 제2 바라밀상응행주波羅蜜相應行住로서 곧 바라밀에 부합되는 수행의 지위를 뜻한다. 제4 묘행무주분妙行無住分에서 "보살은 온갖 법에 머물지 않고 보시하라."라고 가르치신 대목이다. '보시를 하되 생색을 내지 말라'고 표현하면 좀 이해하기 쉽겠지요. 이 지위는 십행十行 중 앞의 여섯 지위 곧 1.환희행, 2.요익행, 3.무위역행, 4.무굴요행, 5.이치란행, 6.선현행에 해당합니다. 바로 육바라밀을 차례로 연결시켜 이해하면 될 듯합니다.

이렇게 보면 세 가지 보시는 육바라밀을 관통하는 의미가 됩니다. 여기에 대해 무착無着보살은, "정진바라밀이 없으면 피곤하고 게을러지므로 설법을 잘할 수 없고, 선정이 없으면 공경한 믿음과 이끗을 탐하므로 물든 마음으로 설법하게 되고, 지혜바라밀이 없으면 뒤바뀐 생각으로 설법하게 된다."[21]라고 말합니다.

 • 야보선사 :
"이제야 예를 아는 사람이 되었구나."
"허공경계를 어찌 사량하겠는가! 대도가 맑고 깊어 그 이치 더욱 길도다. 다만 오호五湖에 바람 불고 달 떠 있는 줄 안다면 봄이 오면 여전히 온갖 꽃이 향기로우리라."[22]

여기까지를 상근기 법문이라 할 수 있겠지요. 이어지는 경문은 하근기를 위한 군더더기 법문입니다. 다시 말하면 제1 법회인유분이 선사의 방棒이나 할喝에 해당한다면, 제2 선현기청분에서 제4 묘행무주분까지는 법설에 해당하고, 제5 여리실견분에서 제10 장엄정토분까지는 비유설법, 인연설법에 해당하며, 제11 무위복승분부터는 문답설법에 해당한다고 보겠습니다.

---

21 "若無精進이면 疲乏故로 不能說法이요 若無禪定이면 卽貪信敬利養하야 染心說法이요 若無智慧면 便顚倒說法이니라"
22 "可知禮也니라" "虛空境界를 豈思量가 大道淸幽理更長이로다 但得五湖風月在하면 春來依舊百花香하리라"

법정스님, 길상사 팔아 버리시지요!

성법스님의 공개서한

"길상사 판 종잣돈으로 불사다운 불사해야"

법정스님,

성북동 길상사 팔아 버리시지요.

세상이 다 알듯이 김영한(길상화)보살 소유의 최고급 요정이었던 7천여 평, 천억 원 이상의 대원각大願閣을 10년 이상이나 보시받는 것을 사양하신 일, 아무나 할 수 없는 일입니다. 스님의 '무소유' 정신을 글로 접한 후의 인연이라고는 하지만, 필경 전생 다생의 스님과의 각별한 인연이 있어 가능했을 것입니다. 지금은 길상사로 변한 그 자리가 시가로 얼마나 되는지 짐작하기는 어렵지만, 그 당시 이미 최소 천억 원대라고 보도되었으니 지금도 그 정도라고 가정을 하겠습니다.

그런데 스님, 현재의 길상사가 과연 천억 원 대의 가치를 만들어 내고 있다고 생각하시는지요? 더욱이 오직 천억 원대의 길상사가 아니면 전혀 못 할 일을 지금의 길상사가 해내고 있다고 생각하시는지요?

제 생각에도 길상사가 불교의 발전과 신도를 위한 훌륭한 도량임에는 틀림이 없습니다. 그 사실을 왜곡하는 사람은 없을 것입니다. 그러나 모르긴 해도 한편으로는 아마 길상사가 새로 생김으로 인해 발심한 신도는 생각보다 그리 많지 않을 것입니다.

또한 일주일에 몇 번씩 열리는 법회나 큰 행사도 길상사가 아니면 참석하지 않을 신도 역시 별로 없을 것입니다. 말하자면 길상사 신도는 거의 다른 절과 중복되는 신도이고, 법회나 행사, 수련회 참석 신도들도 길상사가 아니더라도 다른 절에서 공부하고 수행하는 모범적인 불자일 것으로 생각됩니다. 솔직히 이런 현실은 길상사만의 문제는 아니지 않습니까.

스님, 단도직입적으로 말씀드리면 성북동 길상사를 매각하여 그 종잣돈으로 한국불교를 근본부터 바꾸시는 것이 어떠하신지요? 길상사 터는 팔면 당장 현금이 되는 확실한 액수 아닙니까. 그 천억 원이면 이자만으로도 한국불교 역사상 가장 불사다운 불사를 할 수 있을 것입니다.

한국불교는 보시를 받는 법만 알지, 주는 법을 실천한 적이 없지를 않습니까. 행여라도 법문으로 법보시를 하는 것으로 출가자의 역할은 충분하다고 생각하신다면, 더 드릴 말씀이 없습니다. 그러나 스님, 길상사가 몇십 명, 몇백 명, 한 달에 몇 차례만의 불자를 위한 공간으로 있기에는 너무 사치스럽지 않을까요.

스님, 성북동 길상사 팔아 종잣돈의 이자로 전기세 못 내는 사람, 몇십 만 원 없어서 병을 키워 죽어 가는 사람부터 살리는 것이 불교가 해야 할 일 아닐까요. 그리고 그것을 할 능력과 덕망이 있으신 분도 필경 대한민국에 법정스님, 스님이 유일한 분이실 것입니다. 스님이 그대로 열반하시면 길상사가 한국불교에 또 큰 실망거리나 걱정거리가 되지 않을까 염려됨도 숨기지 않겠습니다. 사실 천억 대의 보시를 받고도 그도 부족해, 불사를 한다고 또 보시를 받는 곳도 길상사 아닙니까?

스님, 성북동 길상사 팔아 한국불교 역사상 가장 불사다운 불사를 해 보시지요. 물론 우선 길상사 파신 돈의 10분의 1로는 서울 근교에 성북동 길상사보다 더 훌륭한 수행도량 길상사를 건립하신 후에 말입니다.

조계종 용화사 주지 성법 합장

(출처 : www.sejon.or.kr)

필자는 이 공개편지를 읽고 갑자기 마른하늘에 천둥소리를 들은 충격이 지금도 생생합니다. 불교는 이런 보시를 받고도 다시 사회에 환원하는 일을 하지 않는 집단이 된 지 벌써 오래되지 않았나 생각합니다. 우리가 상근기라면 이 편지가 비단 길상사 회주인 법정스님께 국한되는 이야기만은 아니리라 짐작합니다. 그래야 『금강경』을 공부할 자격이 있겠지요.

金剛般若波羅蜜經

여리실견분_{如理實見分}

이치와 같이 사실대로 보다

(1) 부처가 되려고 보시하는 것도 모양에 걸리는 것 아닌가 하는 의심
(단구불행시주상의_{斷求佛行施住相疑})

5-1

三. 욕득색신주欲得色身住

"수보리여! 그대 생각은 어떠한가? 신체적 특징을 가지고 여래라고 볼 수 있는가?" "없습니다, 세존이시여! 신체적 특징을 가지고 여래라고 볼 수는 없습니다. 왜냐하면 여래께서 말씀하신 신체적 특징은 바로 신체적 특징이 아니기 때문입니다."

須菩提야 於意云何오 可以身相으로 見如來不아 不也니이다
수보리 어의운하   가이신상   견여래부 불야

世尊하 不可以身相으로 得見如來니 何以故오 如來所說身
세존 불가이신상   득견여래 하이고 여래소설신

相은 卽非身相이니이다
상 즉비신상

5-2

부처님께서 수보리에게 말씀하셨습니다.

"신체적 특징들은 모두 헛된 것이니

신체적 특징이 신체적 특징 아님을 본다면 바로 여래를 보리라."

佛告須菩提하시되
불 고 수 보 리

凡所有相이   **皆是虛妄**이니
범 소 유 상   개 시 허 망

若見諸相非相하면   **則見如來**니라
약 견 제 상 비 상   즉 견 여 래

강설

위의 제4 묘행무주분妙行無住分까지에 이미 하고자 하는 중요한 말씀은 다한 듯합니다. 하지만 어리석은 우리들은 그래도 의문거리가 스물일곱 겹이나 됩니다. 그래서 여기서부터는 '27가지 의심'을 끊어 주는, 자취를 따라 의심을 끊는 방법[섭적단의攝跡斷疑 : 이십칠단의二十七斷疑]으로 법회를 진행합니다. 여기서 27가지 의심을 끊는다는 견해는 인도의 대논사이신 세친世親보살의 견해입니다.

십지경으로 인해 대승으로 발심한 세친보살

본래 『십지경론』을 저술한 세친(바수반두婆藪槃豆, Vasubandhu)보살은 불기 900년대 혹은 1000년대(A.D. 500여 년경) 사람으로 북인도 건타라국國 부루사부라성城의 국사인 바라문 교시가憍尸迦의 둘째 아들로 태어난 인도 고승입니다. 처음에 소승부파인 설일체유부 說一切有部에 출가하였다가 형 무착(無着, 395~470)보살의 권유로 대승에 입문하게 됩니다. 주로 아유다국에서 국왕의 보호 아래 대승 불교를 선양하다가 80세로 입적하였는데, 소승에서 500부, 대승에서 500부의 논서를 지었으므로 그런 그를 당시의 사람들이 '천부논사千部論師'라 칭하기도 합니다.

세친보살의 형 무착은 소승부파인 화지부化地部로 출가하였다가 미륵彌勒보살에 의지해서 대승으로 귀의한 인물이지요. 동생을 대승으로 이끌려고 마음먹었던 그는, 제자를 시켜 『십지경十地經』을 읽게 하였고 이 경 읽는 소리를 들은 세친은 홀연히 깨달은 바가 있어서 대승에 귀의했다는 일화가 있습니다.

그리하여 대사는 대소승을 통틀어 '천부논사'라는 금자탑을 쌓았던 것입니다. 그가 이런 뛰어난 업적을 남기고 아유다국에서 80세로 입적하니, 이에 대해 현장(玄奘, 600~664) 삼장은 무착 · 세친 · 사자각師子覺의 3형제가 모두 도솔천兜率天에 왕생할 것을 믿었고, 실제로 가장 먼저 막내 사자각이 입적하고 이어서 세친보살이 입적하였는데, 후에 세친은 도솔천으로부터 하생하여 큰

형인 무착과 만나는 것을 『대당서역기』 권5에 밝히고 있습니다.

ꙮ

잠시 옆길로 갔네요. 세친보살의 27가지 의심 끊는 법으로 다시 강의를 진행합니다.

먼저 (1) **부처가 되려고 보시하는 것도 모양에 걸리는 것 아닌가 하는 의심**입니다. 앞에서 말한 보시하는 것도 부처가 되기 위한 생각에서 하는 것이니, 역시 모양에 떨어진 행위가 아닌가 하는 날카로운 의심입니다.

여기서 중요한 것은 첫 번째 의심이 수보리에 의해서 제기된 것이 아니고 경전을 보는 안목을 갖춘, 곧 세친보살과 같은 분이 다음의 내용을, 첫 번째 보시를 실천하는 것도 부처가 되기 위한 물든 행위가 아닌가 하는 데 대한 부처님의 대답으로 보았다는 것입니다. 이런 경우를 우리는 무문자설無問自說 또는 묵문현답默問顯答이라 합니다. 그렇게 제자들의 질문을 가정해서 보면 훨씬 『금강경』이 쉽게 느껴질 것입니다. 그리하여 경문에는 두 번째 비유인 ② 신상身相의 비유가 설해집니다.

"수보리여! 그대 생각은 어떠한가? 신체적 특징을 가지고 여래라고 볼 수 있는가?" "없습니다, 세존이시여! 신체적 특징을 가지고 여래라고 볼 수는 없습니다. 왜냐하면 여래께서 말씀하신 신체적 특징은 바로 신체적 특징이 아니기 때문입니다."

여기서 왠지 설명이 불충분한 듯합니다. 이에 대해 나중에 나오는 제13 여법수지분如法受持分에서는 '서른두 가지 대인상의 모습으로 여래를 볼 수 없다.'고 다시 한번 강조하는 부분을 볼 수 있습니다. "육신이라 말한 것은 육신이 아닙니다."라는 표현 방법이 『금강경』 특유의 표현법이라 할 것입니다. 무엇이라 말하는 것은 속뜻은 그것을 가리키는 것이 아니라는 말씀, 선사들이 말하는 지귀처指歸處 혹은 낙처落處라는 뜻입니다.

낙처에 대해 한마디할까요.

선화 이야기 8

자꾸 소옥이를 부르지만
원래 일이 있어서가 아니라네

일단풍광화불성一段風光畵不成　통방심처진수정洞房深處陳愁情
빈호소옥원무사頻呼小玉元無事　지요단랑인득성祗要檀郎認得聲

고운 맵시 그리려도 그리지 못하리니
깊은 규방에 앉아서 애타는 심정만 풀어놓네.
자꾸 소옥이를 부르지만 원래 일이 있어서가 아니라네.

오직 님께서 제 소리를 알아듣도록 하려는 것일 뿐.

위의 시는 당唐나라 현종의 총애를 받았던 양귀비楊貴妃가 정인 情人인 장군 안록산安祿山을 그리워하여 지은 소염시[23]라 합니다. 송宋나라 때 젊은이들 사이에서 유행했다고 하는데, 양귀비는 현종의 총애를 받으면서도 뒤로는 안록산과 인연을 맺고 있었지요. 두 사람 사이가 깊어지자 안록산은 수시로 양귀비의 처소를 찾곤 했는데, 문제는 양귀비와 현종이 함께 있을 때였지요.

그래서 양귀비는 현종이 돌아가고 혼자 있을 때 안록산이 나타나면 "소옥아! 소옥아!" 하고 불러 안에 혼자 있음을 알리곤 했어요. 시비侍婢인 소옥에게 볼일이 있어서가 아니라 안록산에게 안에 임금이 없으니 들어와도 좋다는 것을 알리는 신호였던 것입니다. 양귀비의 입에서 나온 "소옥아!"라는 소리와, '님에게 소식을 전하려는 양귀비의 의도(내심)'를 간화선看話禪 수행에서는 언어문자와 근원적인 본래심에 비유하고 있습니다. 그래서 이런 것을 낙처 또는 지귀처旨歸處라 할 만합니다.

이 시는 오조 법연(五祖 法演, ?~1104)선사가 진제형陳提刑(覺民)거사에게 '선禪'을 이해시키기 위한 방편으로 처음 인용한 이후 선가 禪家에서 격외구格外句로 널리 애용되고 있습니다. 법연이 진제형에게 소염시를 들어 설할 때, 법연의 제자인 원오 극근(圓悟 克勤, 1063~1135)선사가 창밖에서 이를 듣고 깨달음을 얻은 것은 유명한

---

23 소염시小艷詩의 전문은 "一段風光畵難成 洞房深處暢予情 頻呼小玉元無事 只要 檀郎認得聲"이다. (전등록 제28권)

이야기입니다.

　선지禪旨나 심요心要는 말로 표현하거나 글로 형용할 수 있는 것이 아니므로, 말과 글은 불가피한 방편일 뿐이지요. 그런데 방편은 일반인들이 쉽게 이해할 수 있도록 하기 위해 일상어로 전달되는데, 여기에 나오는 "소옥아! 소옥아!" 하는 말이나 '뜰 앞의 잣나무[庭前栢樹子]', '할喝', '방棒' 등이 그것입니다.

　심심하면 아씨는 소옥이를 부르지.
　가 보면 언제나 그냥 불렀어.
　담 너머 서성이는 내 님아! 들으소서.
　그래서 일도 없이 소옥아 소옥아!

　그러고는 사구게의 게송이 설해집니다. 눈으로 보는 모양은 진정한 모양의 실체를 보지 못하는 까닭에 이렇게 말합니다.

신체적 특징들은 모두 헛된 것이니

신체적 특징이 신체적 특징 아님을 본다면 바로 여래를 보리라.

凡所有相은　　　皆是虛妄이니

若見諸相非相이면　則見如來니라

유명한 『금강경』 제1의 사구게四句偈**24**입니다. 『금강경』에는 이외에도 몇 개의 사구게가 더 있지만 이 게송이 가장 유명합니다.

• 야보선사 :

"다시 말해 보라. 그러면 지금 다니고 머물고 앉고 눕는 것은 어떤 모습인가? 졸지 마라."

"몸이 바닷속에 있으면서 물을 찾지 말고, 매일 산 위를 다니면서 다시 산을 찾지 말라. 꾀꼬리 울음과 제비 지저귀는 소리가 모두 법문이니, 전삼삼前三三 후삼삼後三三을 다시 물어 무엇하리."**25**

지금 현재 움직거리는 이 물건은 그 어떤 물건인가 하는 호통입니다. 참으로 살아 있는 활구법문活句法門입니다. 몸이 바닷속에 있으면서 우리는 바다를 갈구하고 매일 산 위를 다니면서 산을 찾아다닙니다. 우리 모두가 깨닫기 전에 모두 이와 같다는 말입니다.

---

24 18주처住處로는 제3 욕득색신주欲得色身住이니 곧 부처님의 색신을 만나는 지위로서 제5 여리실견분如理實見分에서 제1 사구게를 설하는 대목에서 색신을 정의하신 대목입니다. 이 지위는 제7 무착행無着行에 해당합니다.

25 "且道하라 卽今行住坐臥는 是甚麽相고 休瞌睡어다" "身在海中休覓水하고 日行嶺上莫尋山이어다 鸎吟燕語皆相似하니 莫問前三與後三이어다"

【 삼관법을 알아야 반야의 지혜를 안다 】

삼관三觀법을 알아야 금강반야를 이해할 수 있습니다. 이 부분을 반야의 공空 도리로 관하는 지혜, 곧 삼관三觀의 지혜로 풀어보면 어떻게 될까요?

① 신체적 특징들은 ② 모두 헛된 것이니 ③ 신체적 특징이 신체적 특징 아님을 본다면 ④ 바로 여래를 보리라.

이 부분을 하나하나 살펴봅시다.

먼저 ① '신체적 특징들'이란 바로 가관假觀을 말합니다. 현재 실재하고 있는 현상법을 그대로 인정한다는 뜻이지요. 하지만 그대로 계속 존재하지 않으므로 '잠시 있는 것으로 본다'는 뜻입니다.

② '모두 헛된 것이니'는 공관空觀에 해당될 것입니다. 모두가 있다가 없어지므로 공으로 돌아간다는 뜻입니다. 『반야심경』의 '색즉시공色卽是空'의 뜻이라 해도 무방합니다. 현재 눈앞에 예쁜 얼굴을 하고 있는 애인도 늙으면 쭈그러지고, 현재 권력이나 자본이 많은 사람도 모두 공으로 돌아간다는 관찰입니다.

그러므로 ③ '신체적 특징이 신체적 특징 아님을 본다면' 이 부분이 바로 중도로 관찰한 중도관中道觀이 됩니다. 눈앞에 벌어진 세계도 언젠가는 없어질 허상이며, 그러므로 눈앞의 허상에 현혹되지 않는 진리의 안목이 열릴 수 있을 테지요. 이런 안목이 열리면 『반야심경』에서는 "모든 고통과 액난에서 벗어난다." 라고 했습니다. 여기서는 ④ '부처님을 뵐 수 있다.'고 했습니다. 곧 깨달음을 얻게 된다는 표현입니다. 이런 안목이 터져야 『금강경』을 제대로 볼 수 있고, 그러므로 삼천대천세계에 가득한 칠보로 보시하는 공덕보다 사구게 하나만 수지하는 공덕이 더욱 뛰어난 것입니다.

"색이 곧 공이다[色卽是空]."라는 부분을 잘 관찰하면 바로 부처님이 된다는 말씀은, 또한 예전의 유명한 고사故事를 생각나게 합니다.

선화 이야기 9

한퇴지의 미인계에도 초연했던 태전선사

중국 당나라 때 조주潮州 지방에 자사刺史로 발령을 받은 당대 최고의 시인 한퇴지韓退之[26]가 축륭산의 태전선사[27]를 시험하려다가 불교와 큰 인연을 맺게 된 고사입니다.

한퇴지는 그 고을의 가장 유명한 명기名妓 홍련紅蓮을 시켜 태전

---

26 한유(韓愈, 768~824) : 당대唐代 시인詩人, 문장가. 송학宋學의 선구자. 남양南陽(하남성) 창려昌黎 사람. 자는 퇴지退之, 시호는 문공文公.

27 태전 보통(太顚 寶通, 732~824) : 당대唐代 청원하青原下 석두 희천(石頭 希遷)의 제자. 조주潮州(광동성) 축융산祝融山에 주住하였다. 원화元和 14년(819)에 '논불골표論佛骨表'를 올리고 헌종憲宗에 의해 조주潮州로 유배당한 한퇴지(韓退之, 768~824)와 교유하여 알려지게 된다.

선사를 파계시키려 하였답니다. 마치 송도삼절 황진이가 지족知
足선사를 유혹하듯이 말입니다. 그런데 오히려 홍련의 치마폭에
다음과 같이 시를 지어 줍니다.

십년불하축륭봉十年不下祝融峰　관색관공즉색공觀色觀空卽色空
여하일적조계수如何一滴曹溪水　긍타일엽홍련중肯墮一葉紅蓮中

10년 동안을 축륭산 아래에 내려가지 않으며
형상을 관하고 공을 관하다 보니 형상이 곧 공으로 돌아가는 법.
그런데 어찌하여 한 방울의 법의 물이라도
홍련의 치마폭에 떨어뜨리겠느냐.

그렇게 암자에서 기생 홍련을 내려보내니, 한퇴지가 나중에 암
자로 찾아가서 참회하고 서로 만나 스승과 제자의 인연을 맺게
된다는 고사입니다.

이 고사는 학인 시절 해인사 장경각에서 안내 소임을 맡았을
때, 이 부분에 대해 깊은 내용도 모르면서 안내랍시고 하곤 했습
니다. 그래도 재미있는지 사람들은 귀를 쫑긋 세웠고, 태전선사
가 홍련의 치마폭에 써 준 글을 벽화와 함께 설명해 주었던 기억
이 떠오릅니다.

• 야보선사 :

"산은 산이요, 물은 물이로다. 부처님은 어느 곳에 계시는가?"

"상이 있고 구함이 있으면 모두 망상이요, 상이 없고 구하지도 않는 것은 치우친 소견에 떨어짐이다. 당당하고 밀밀하여 어찌 간격이 있으리오. 한 줄의 찬 광명이 큰 허공을 빛내도다."²⁸

여기에 종경 연수(宗鏡 延壽, 904~975)선사가 평하셨습니다.

보화비진요망연報化非眞了妄緣　법신청정광무변法身淸淨廣無邊
천강유수천강월千江有水千江月　만리무운만리천萬里無雲萬里天

보신 화신은 진실이 아니요, 끝내 망령된 인연이니
법신은 청정하고 넓어 끝이 없음이라.
물 흐르는 일천 강에 강마다 달이 비치고
만 리에 구름 없으니 만 리가 하늘뿐이로다.

---

28 "山是山水是水니 佛이 在甚麼處오" "有相有求가 俱是妄이요 無形無見이 墮偏枯로다 堂堂密密何曾間이리오 一道寒光이 爍太虛로다"

무착無着보살의 십팔주十八住

여기서 무착無着[29]보살의 십팔주十八住로 경문을 살펴보겠습니다. 예로부터 『금강경』을 잘 이해하는 데에는 세친보살의 27가지 의심 끊는 법과 무착보살의 18주처로 함께 이해하는 것이 지름길이라 합니다.

제1. 발심주發心住로서 제3 대승정종분에서 "보살은 네 가지 마음에 머물러야 한다."라고 가르치신 대목이며 십신十信과 십주十住 모두에 해당합니다.

제2. 바라밀상응행주波羅蜜相應行住로서 곧 바라밀에 부합되는 수행의 지위를 뜻합니다. 제4 묘행무주분妙行無住分에서 "보살은 온갖 법에 머물지 말고 보시하라."라고 가르치신 대목입니다. '보시를 하되 생색을 내지 말라.'고 표현하면 좀 이해하기 쉽겠지요. 이 지위는 십행十行 중 앞의 여섯 지위, 곧 제1 환희행, 제2 요익행, 제3 무위역행, 제4 무굴요행, 제5 이치란행, 제6 선현행에 해당합니다. 바로 육바라밀

---

29 무착(無着, Asanga, 310~390?): 불기 1000년경 사람. 세친世親보살과 사자각師子覺의 형, 북인도 건타라국 바라문 출신. 부는 교시가憍尸迦. 처음 소승 화지부化地部에 출가하여 빈두라를 따라 소승공관小乘空觀을 닦다가, 뒤에 미륵보살이 중인도 아유다국 강당에서 『유가사지론瑜伽師地論』등을 강의할 때 대승에 몰입. 아유사·교상미에서 법상法相의 교리를 선양, 법상종法相宗의 시조가 되다.

을 차례로 연결시켜 이해하면 될 듯합니다.

제3. 욕득색신주欲得色身住이니 곧 부처님의 색신을 만나는 지위로서, 제5 여리실견분如理實見分에서 제1의 사구계를 설하는 대목에서 색신을 정의하신 대목입니다. 이 지위는 제7 무착행無着行에 해당합니다.

제4. 욕득법신주欲得法身住이니 곧 여래의 법신을 만나는 지위입니다. 먼저 제6 정신희유분正信希有分에서 언설장구言說章句를 말씀하신 대목부터는 '언설 속의 법신[言說法身]'입니다. 그다음 '깨달음으로 얻은 법신[證得法身]'인데 제7 무득무설분無得無說分에서 "아뇩보리는 얻을 수도 없고 말할 수도 없다."라고 하신 대목입니다. 증득법신에는 다시 두 종류가 있으니 하나는 지혜의 모습, 곧 지상법신智相法身이며, 또 하나는 복덕으로 받은 법신인 복상법신福相法身이니, 제8 의법출생분依法出生分에서 "불과佛果와 보리菩提가 모두 이 경에서 나왔다."라고 하신 대목입니다. 따라서 이 제4주는 제8 난득행, 제9 선법행, 제10 진실행에 해당하는 지위입니다.

제5. 어수도득승중무만주於修道得勝中無慢住이니 곧 '도를 닦아 수승함을 얻더라도 교만심을 내지 않는 지위'를 말합니다. 이것은 제9 일상무상분一相無相分에서 사과四果의 성문이 각자 얻은 바가 없음을 밝힌 대목으로서 십회향十廻向 중 제1 구호일체중생회향에 해당합니다.

제6. 불리불출세시주不離佛出世時住이니 곧 '부처가 세상에 나오는 때를 여의지 않는 지위'입니다. 제10 장엄정토분莊嚴淨土分 첫머리에 "연등불께 얻은 바가 없다."라고 밝히신 대목으로 제2 불괴회향不壞廻向에 해당합니다.

제7. 원정불토주願淨佛土住이니 곧 불국토 맑히기를 서원하는 지위입니다. 역시 장엄정토분에서 "보살이 불국토를 장엄하느냐."라고 물으신 대목으로서 제3 등일체불회향等一切佛廻向에 해당합니다.

제8. 성숙중생주成熟象生住이니 중생을 성숙시켜 주는 지위입니다. 역시 장엄정토분에서 몸이 수미산 같은 사람을 제시하는 대목으로서 제4 지일체처회향至一切處廻向에 해당합니다.

제9. 원리수순외론산란주遠離隨順外論散亂住이니 곧 외도의 논서를 따르다가 마음이 산란해지는 허물을 여의는 지위입니다. 제11 무위복승분無爲福勝分의 첫머리 "항하의 모래처럼"에서 시작하여 제12 존중정교분尊重正教分과 제13 여법수지분如法受持分 첫머리의 "곧 반야바라밀이 아니다."까지입니다. 항하의 모래같이 많은 보시를 한 것이 경전의 사구게 하나 지니는 것만 못하거늘, 어느 겨를에 외도의 논서를 읽어 마음을 산란하게 하겠느냐는 것이니, 제5 무진공덕장회향無盡功德藏廻向에 해당합니다.

제10. 색급중생박취중관파상응행주色及象生搏取中觀破相應行住이니 곧 물질과 중생들의 몸을 끝까지 관찰해서 진리와 부합되는 지위입니다. 제13 여법수지분 중간에 "삼천대천세계에 있는 먼지가 많지 않겠느냐." 하신 대목에서 세말방편細末方便과 불념방편不念方便으로 거친 것을 미세하게, 미세한 것을 공空하게 관찰해 들어감으로써 3공空의 진리에 부합되는 내용이니, 제6 입일체평등선근회향入一切平等善根廻向에 해당합니다.

제11. 공양급시여래주供養給侍如來住이니 곧 여래께 구족하게 공양하고 급시하는 지위입니다. 여법수지분 중간의 "32상相으로 여래를 볼 수 있겠느냐." 하신 대목부터인데, 형상을 따르지 않고 항상 법신을 뵙는 것이 여래께 급시하는 일이며 복이 끝없는 것이니, 제7 등수순일체중생회향等隨順一切衆生廻向에 해당합니다.

제12. 원리이양급피핍열뇌고불기정진급퇴실주遠離利養及疲乏熱惱故不起精進及退失住이니 곧 이양이 풍족하거나 궁핍해서 번뇌가 생길 때 정진에 힘쓰지 않거나 물러나는 허물을 멀리 여의는 지위입니다. 여법수지분 중간의 "항하의 모래만큼 많은 몸으로 보시하더라도 사구게를 수지한 공덕이 더 수승하다."라고 한 대목에서 제14 이상적멸분離相寂滅分 중 "이를 제일바라밀이라 한다."까지로, 항하사 같은 몸으로 보시하여도 한 구절 받아 지닌 것만 못하거늘 하물며 이 한 몸을 위하여 이양을 탐내다가 정진을 게을리하겠느냐는 뜻이니, 제8 입진여상회향入眞如相廻向에 해당합니다.

제13. 인고주忍苦住이니 괴로움을 참아 내는 지위입니다. 역시 제14 이상적멸분 중 부처님께서 인욕바라밀을 행하실 때

가리왕에게 몸을 갈기갈기 찢기신 대목에서부터 "햇빛이 밝게 비추면 갖가지 색을 보거니와"까지로서, 아상我相이 없으므로 어떤 고생도 참아 냈다는 내용이니, 제9 무박무착해탈회향無縛無着解脫廻向에 해당합니다.

제14. 이적정미주離寂靜味住이니 곧 고요함에 맛들이는 허물을 여읜 지위입니다. 이상적멸분 마지막 대목의 "당래지세當來之世"로부터 제15 지경공덕분持經功德分과 제16 능정업장분能淨業障分으로서, 제10 입법계무량회향入法界無量廻向에 해당합니다.

제15. 어증도시원리희동주於證道時遠離喜動住이니 곧 도를 증득할 때 기뻐 날뛰는 허물을 멀리 여읜 지위입니다. 제17 구경무아분究竟無我分 처음의 "운하응주云何應住 운하항복云何降伏"으로 시작하여 문답한 대목입니다. 내가 머무르고 내가 항복시킨다는 생각이 있으면 희동喜動이며 산심散心인데, 그런 생각을 막아 주시어 희동과 산심을 여읩니다. 그리고 지위로는 4가행加行 중 난위煖位와 정위頂位에 해당하니 정신을 집중시키는 가행 공부입니다.

제16. 구불교수주求佛敎授住이니 곧 부처님의 가르침을 구하는 지위입니다. 역시 구경무아분 중간의 "내가 연등불께 아뇩보리를 얻은 바가 있느냐?"를 문답하신 대목으로서, 부처님을 만나 얻은 바 없는 얻음[無所得之得]을 얻음으로써 모든 장애를 뚫고 바야흐로 십지十地에 들어갈 준비가 끝나니, 지위로는 4가행 중 인위忍位와 세제일위世第一位에 해당합니다.

제17. 증도주證道住이니 곧 도를 증득하는 지위입니다. 역시 구
경무아분 중간 "비여인신장대譬如人身長大" 이하의 대목으
로서 종성지種性智를 얻고 변행진여偏行眞如를 증득하여 장
대한 보신報身을 이루니, 지위로는 십지十地 중 제1 환희지
歡喜地에 해당합니다.

제18. 상구불지주上求佛地住이니 위로 불지를 구해 들어가는 지
위입니다. 역시 구경무아분 끝부분의 "아당장엄불토我
當莊嚴佛土 시불명보살是不名菩薩" 이하 정종분 끝까지의 법
문으로서, 다음과 같이 여섯 단계로 나누어 불지를 향
해 들어갑니다. 첫째, 위없는 국토의 청정이 구족한 단
계[無上國土淨具足]입니다. 역시 구경무아분 끝부분의 "수보
리須菩提 약보살작시언若菩薩作是言 아당장엄불토我當莊嚴佛土"
에서 "여래설명진시보살如來說名眞是菩薩"까지의 법문으로
서, 보살이 불위佛位를 향해 출발하기 위해서는 청정국
토가 필수적이기 때문입니다. 둘째, 위없는 견해와 지
의 청정함이 구족한 단계[無上見智淨具足]입니다. 제18 일체
동관분一體同觀分의 법문으로서 부처님에게만 있는 공덕
이므로 위없다[無上] 하였고, 눈으로 보시고 지혜로 아시
기 때문에 견지정見智淨이라 했는데, 이들이 모두 구족하
다는 것입니다. 셋째, 위없는 복과 자재함이 구족한 단
계[無上福自在具足]입니다. 제19 법계통화분法界通化分에서 "약
인만삼천대천세계칠보보시若人滿三千大千世界七寶布施"라 하신

법문으로서, 지혜로운 보시로 무량한 복을 얻는데 그 복에 구애받지 않고 자재하게 누리는 공덕이 구족하다는 것입니다. 넷째, 위없는 몸이 구족한 단계[無上身具足]입니다. 제20 이색이상분離色離相分에서 "구족한 색신으로 부처를 볼 수 있겠느냐?" 하신 문답이니, 불佛은 색신(色身, 32相)과 제상(諸相, 80種好)이 구족하시다는 것입니다. 다섯째, 위없는 말씀이 구족한 단계[無上語具足]입니다. 제21 비설소설분非說所說分에서 "여물위여래작시념汝勿謂如來作是念 아당유소설법我當有所說法"이라 하신 법문으로서, 설하는 바 없는 말씀[無說之說]이 불조佛祖의 언어인데 이것이 구족하다는 것입니다. 여섯째, 위없는 마음이 구족한 단계[無上心具足]입니다. 제22 무법가득분無法可得分에서 "불득아뇩보리佛得阿耨菩提 위무소득야爲無所得耶"로부터 제32 응화비진분應化非眞分에서 "응작여시관應作如是觀"까지의 법문으로서 11분分의 경문이 여기에 속하지만, 한마디로 부처님의 마음씨를 풀이한 것이라 이해하면 되겠지요.

이상 여섯 단계의 구족을 합하여 위로 불지佛地를 구하는 지위[上求佛地住]라 하거니와, 이를 수행 지위에 배대하면 십지十地 중 제2 이구지離垢地부터 묘각妙覺까지에 해당합니다. 이상의 모든 말씀이 여러분의 이해를 돕고자 하신 자비방편일 것입니다.[30]

---

[30] 위 내용은 봉선사 조실이며 소납의 전강傳講 스승님이신 월운月雲 대강백께서 『금강경강화』 해제 부분에 설하신 내용임을 밝혀 둡니다.

이십칠단의二十七斷疑 도표

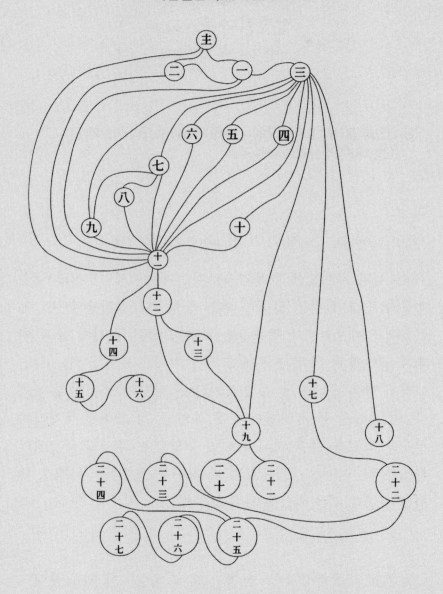

출처 : 『간정기刊定記』 제1권

❻
정신희유분正信希有分
바른 믿음은 희유하다

(2) 원인과 결과가 모두 심오하니 믿을 사람이 없으리라는 의심
(단인과구심무신의斷因果俱深無信疑)

6-1

四. 욕득법신주欲得法身住 : 一. 언설법신言說法身

수보리가 부처님께 여쭈었습니다. "세존이시여! 이와 같은 말씀을 듣고 진실한 믿음을 내는 중생들이 있겠습니까?" 부처님께서 수보리에게 말씀하셨습니다. "그런 말 하지 말라. 여래가 열반에 든 오백 년 뒤에도 계를 지니고 복덕을 닦는 이는 이러한 말에 신심을 낼 수 있고 이것을 진실한 말로 여길 것이다. 이 사람은 한 부처님이나 두 부처님, 서너 다섯 부처님께 선근을 심었을 뿐만 아니라 이미 한량없는 부처님 처소에서 여러 가지 선근을 심었으므로 이 말씀을 듣고 잠깐이라도 청정한 믿음을 내는 자임을 알아야 한다.

須菩提가 白佛言하시되 世尊하 頗有衆生이 得聞如是言
수 보 리　　백 불 언　　　　세 존　파 유 중 생　　득 문 여 시 언

說章句하사옵고 生實信不잇가 佛告須菩提하시되 莫作是說
설 장 구　　　　　생 실 신 부　　　불 고 수 보 리　　　막 작 시 설

하라 如來滅後後五百歲에 有持戒修福者가 於此章句에
여 래 멸 후 후 오 백 세　　유 지 계 수 복 자　　어 차 장 구

能生信心하야 以此爲實하리니 當知是人은 不於一佛二佛
능 생 신 심　　　이 차 위 실　　　당 지 시 인　　불 어 일 불 이 불

三四五佛에 而種善根이라 已於無量千萬佛所에 種諸善
삼 사 오 불　　이 종 선 근　　이 어 무 량 천 만 불 소　　종 제 선

根하야 聞是章句하고 乃至一念生淨信者니라
근　　　문 시 장 구　　내 지 일 념 생 정 신 자

6-2

　수보리여! 여래는 이러한 중생들이 이와 같이 한량없는 복덕 얻음을 다 알고 다 본다. 왜냐하면 이러한 중생들은 다시는 자아가 있다는 관념, 개아가 있다는 관념, 중생이 있다는 관념, 영혼이 있다는 관념이 없고, 법이라는 관념이 없으며 법이 아니라는 관념도 없기 때문이다. 왜냐하면 이러한 중생들이 마음에 관념을 가지면 자아·개아·중생·영혼에 집착하는 것이고 법이라는 관념을 가지면 자아·개아·중생·영혼에 집착하는 것이기 때문이다. 왜냐하면 법이 아니라는 관념을 가져도 자아·개아·중생·영혼에 집착하는 것이기 때문이다. 그러므로 법에 집착해도 안 되고 법 아닌 것에 집착해서도 안 된다. 그러기에 여래는 늘 설했다. '너희 비구들이여! 나의 설법은 뗏목과 같은 줄 알아라. 법도 버려야 하거늘 하물며 법 아닌 것이랴!'"

須菩提야 如來가 悉知悉見하노니 是諸衆生이 得如是無量
수보리   여래   실지실견   시제중생   득여시무량

福德이니라 何以故오 是諸衆生이 無復我相人相衆生相壽
복덕   하이고   시제중생   무부아상인상중생상수

者相하며 無法相하며 亦無非法相이니라 何以故오 是諸衆生
자상   무법상   역무비법상   하이고   시제중생

이 若心取相하면 則爲着我人衆生壽者니 何以故오 若取法
   약심취상   즉위착아인중생수자   하이고   약취법

相이라도 即著我人衆生壽者며 若取非法相이라도 即著我人
상   즉착아인중생수자   약취비법상   즉착아인

衆生壽者니라 是故로 不應取法이며 不應取非法이니라 以是
중생수자   시고   불응취법   불응취비법   이시

義故로 如來가 常說호대 汝等比丘가 知我說法을 如筏喻者
의고   여래   상설   여등비구   지아설법   여벌유자

라하노니 法尚應捨어든 何況非法가
         법상응사   하황비법

강설

위 경문에서 '이와 같은 말씀'이란 곧 언설법신言說法身[31]을 뜻합
니다. '바른 믿음은 참으로 희유하다.'는 『금강경』의 말씀은 오
늘날 더욱 중요함을 실감합니다. 2004년까지 대부분의 산중 노
덕老德들이 돌아가셨습니다. 당대를 풍미하던 선지식이 점점 자
취를 감추자, 불교 종단은 우리 세대를 어떻게 이끌어 갈 것인가

---

[31] 제4 욕득법신주欲得法身住이니 곧 여래의 법신을 만나는 지위입니다. 먼저 제6
정신희유분正信希有分에서 언설장구言說章句를 말씀하신 대목부터는 '언설 속
의 법신[言說法身]'입니다.

하는 새롭고 크나큰 과제를 안게 된 것입니다. 그리고 삿된 무리들이 여기저기 나타나서 부처라 하기도 하고, 혹은 구세주救世主라 하기도 하면서 전체 스님들을 마치 나쁜 무리들인 것처럼 매도하는 일도 가끔 볼 수 있습니다. 하지만 어느 곳에서 공부하고 누구를 스승으로 수행했는지도 불분명한 삿된 무리에게 현혹되지 않도록 조심해야 합니다. 이런 때일수록 우리는 『금강경』에 의지해 수행에 더욱 매진해야 할 것입니다. 그래야만 불조의 혜명이 이어질 테니까 말입니다.

또 위의 경문에서 아래와 같이 말합니다.

수보리가 부처님께 여쭈었습니다. "세존이시여! 이와 같은 말씀을 듣고 진실한 믿음을 내는 중생들이 있겠습니까?"

부처님께서 수보리에게 말씀하셨습니다. "그런 말 하지 말라. 여래가 열반에 든 오백 년 뒤에도 계를 지니고 복덕을 닦는 이는 이러한 말에 신심을 낼 수 있고 이것을 진실한 말로 여길 것이다."

이 부분은 (2) 원인과 결과가 모두 심오하니 믿을 사람이 없으리라는 의심을 말합니다. 최후의 5백 년[後五百歲]이란 세존께서 열반하신 후 첫 5백 년을 해탈견고解脫堅固의 정법시대라 하고, 다음 5백 년을 선정견고禪定堅固의 상법시대, 제3 5백 년을 다문견고多聞堅固의 상법시대, 제4 5백 년을 탑사견고塔寺堅固의 말법시대, 제

5 500년을 투쟁견고鬪爭堅固의 말법시대라 구분하는 것을 참고하면 알 수 있습니다.[32]

그러니 말법시대에는 일반적으로 불법을 좋아하고 선정삼매에 들기를 좋아하는 이들이 적을 텐데 누가 그 어려운 불법을 공부하려 하겠느냐는 말입니다. 그런데도 부처님은 그런 소리 하지 말라고 하십니다.

석가부처님과 미륵부처님 사이에는 56억 7천만 년의 세월이 있습니다. 그러니 부처님께서 계시지 않는 세월, 불법 없는 세월이 얼마간 지속될 수도 있다는 생각이 가능한 일일 테지요.

『법화경』「서품序品」에서는 일월등명불日月燈明佛이 계시지 않는 동안 묘광妙光보살이 여덟 왕자와 중생들에게 『법화경』을 공부시켜 모두 성불하게 하고, 「화성유품化城喻品」에서 대통지승불大通智勝佛이 8만 겁 동안 선정에 들어 계실 때, 열여섯 왕자가 보살사미의 신분으로 『법화경』을 복강覆講합니다. 이런 것이 모두 말법시대에 불법을 받드는 가장 훌륭한 방편을 설한 사례입니다.

이 사람은 한 부처님이나 두 부처님, 서너 다섯 부처님께 선근을 심었을 뿐만 아니라 이미 한량없는 부처님 처소에서 여러 가지 선근을 심었으므로 이 말씀을 듣고 잠깐이라도 청정

---

32 정법正法시대에는 해탈하는 이들이 많아서 견고하다고 하고, 다음은 선정을 즐겨 닦으며, 다음의 상법像法시대는 설법 듣기를 좋아하고, 다음은 절 짓고 불사하기 좋아하며, 마지막 말법末法 세상에는 교리에 대한 논쟁이나 사찰 재정 같은 세속적 투쟁이 많은 시대라는 뜻이다.

한 믿음을 내는 자임을 알아야 한다.

• 야보선사 :

"금불金佛은 화로를 지나가지 못하고, 목불木佛은 불을 건너가지
못하고, 니불泥佛은 물을 건너지 못하는 법이다."

"삼불의 형상과 거동은 다 진실이 아니고 눈 가운데 동자에는
그대 앞의 사람이라. 만일 능히 집에 있는 보배를 믿기만 하면
새 울고 꽃 피는 것이 모두 다 봄인 것을."**33**

선화 이야기 10
목불인데 어찌 사리가 나오겠습니까[丹霞燒佛]

여기서 재미난 이야기 하나 하겠습니다. 예전에 중국에 도가
높은 유명한 스님이 계셨는데 이름하여 단하 천연**34**선사입니다.
스님께서 참선 공부를 하시느라 어느 절에 객스님으로 가셔서
공부에만 정진했는데, 하루는 겨울이 되어 방에 군불을 때려고
보니 나뭇간에 장작이 하나도 없었어요. 살림 맡은 원주스님은

---

33 "金佛은 不度爐하고 木佛은 不度火하고 泥佛은 不度水로다" "三佛形儀總不眞하
니 眼中瞳子面前人이라 若能信得家中寶하면 啼鳥山花一樣春이로다"

34 단하 천연(丹霞 天然, 739~824) : 당대唐代 스님, 석두 희천(石頭 希天)의 제자.
그는 장안에 관리가 되려고 갔다가 한 선승을 만나 마조馬祖에게 찾아가서 승려
가 되었다. 그 후 석두의 법을 잇는다. 그는 낙양洛陽의 혜림사에 머물 때 추운
겨울날 법당의 목불木佛을 꺼내 불을 지폈다. (단하소불丹霞燒佛)

바깥으로만 돌고, 그래서 추운 겨울날 얼어 죽게 생겼으니 법당의 목불木佛이라도 꺼내서 불을 지필 수밖에 없었어요.

뒤에 그 사실을 안 원주가 스님께 말했습니다.

"그럴 수가 있습니까?"

"나는 부처님을 태워서 사리舍利를 얻으려고 하오."

"목불인데 어찌 사리가 나오겠습니까?"

"사리가 안 나올 바에야 나무토막이지 무슨 부처이겠는가?"

그 다음 날 아침 원주스님의 눈 위에 있던 눈썹이 사라지고 없었다고 전합니다.

단하선사는 말년末年에 등주鄧州 단하산丹霞山에서 사시다가 86세에 문인門人들에게 목욕하게 하고 갓 쓰고 지팡이를 들고 나앉으며, "자, 나는 간다. 신을 신겨다오!" 하고, 신 한 짝을 발에 걸친 채 땅에 내려서는 순간 입적入寂한 고승이셨어요.

재미있으면서도 무언가 우리에게 던지는 메시지가 분명한 일화라 하겠습니다. 그렇다고 견성도 하지 못한 범부가 법당의 목불을 함부로 불 지피다가는 그 과보를 면하기 어려운 것도 분명히 알아야 할 것입니다.

수보리여! 여래는 이러한 중생들이 이와 같이 한량없는 복덕 얻음을 다 알고 다 보느니라. 왜냐하면 이러한 중생들은 다

시는 자아가 있다는 관념, 개아가 있다는 관념, 중생이 있다는 관념, 영혼이 있다는 관념이 없고, 법이라는 관념이 없으며 법이 아니라는 관념도 없기 때문이니라.

• 야보선사 :

'여래는 다 알고 다 보신다'는 것에 대해,

"오이를 심으면 오이를 얻고 과일을 심으면 과일을 얻게 되느니."

"일 불, 이 불, 천만 불이 각각 눈은 가로 있고 코는 세로 놓였도다. 옛날에 몸소 선근을 심어 왔더니 오늘은 옛[前]에 의지하여 큰 힘을 얻었도다. 수보리 수보리여, 옷 입고 밥 먹는 것이 일상사이거늘 어찌하여 모름지기 쓸데없이 의심을 내는가?"[35]

그리고 다시 한번 선사가 말씀하셨습니다.

"두렷하여 큰 허공과 같아서 모자람도 없고 남는 것도 없도다."[36]

그러고는 ③ 뗏목의 비유를 말합니다.

"③ 그러므로 법에 집착해도 안 되고 법 아닌 것에 집착해서도 안 된다. 그러기에 여래는 늘 설했다. '너희 비구들이여! 나의 설법은 뗏목과 같은 줄 알아라. 법도 버려야 하거늘 하물며

---

35 "種瓜得瓜요 種果得果로다" "一佛二佛千萬佛이 各各眼横兼鼻直이라 昔年에 親種善根來러니 今日에 依前得渠力이로다 須菩提須菩提여 著衣喫飯이 尋常事어늘 何須特地却生疑오"

36 "圓同太虛하야 無欠無餘로다"

법 아닌 것이라!'"

지아설법知我說法을   여벌유자如筏喻者니
법상응사法尚應捨어든 하황비법何況非法이야따녀

여기서 지아설법知我說法에서 하황비법何況非法까지를 사구게로 보는 이들도 있습니다. 서양 종교에서는 "나는 빛이요 진리요 생명이다. 나 이외의 신을 절대 믿지 말라."라고 합니다. 고기를 잡으려고 쳐 놓은 그물이나 통발은 고기를 잡은 후에는 버려야 합니다. 불교와 기독교의 차이가 바로 여기에 있습니다. 석존께서는 "설사 나의 말이라 하더라도 법에 맞지 않는 것은 과감히 버려야 한다."라고 하셨습니다.

● 야보선사 :

'법에 집착하거나 법 아닌 것에 집착해서도 안 되느니라.'라는 말씀에 대해,

"금으로 금을 살 수 없으며, 물로써 물을 씻지 못하는 법이다."

"벼랑에서 나뭇가지를 잡음은 족히 기이함이 아니요, 벼랑에서 손을 놓아야 비로소 장부라 하리라. 물도 차고 밤도 싸늘하여 고기 찾기가 어려우니 빈 배에 달빛만 가득 싣고 돌아오도다."[37]

정법을 위해서는 부처님처럼 말씀하시고, 또 정법을 지켜 내기

---

37 "金不博金이요 水不洗水로다" "得樹攀枝는 未足奇라 懸崖撒手하야사 丈夫兒니라 水寒夜冷魚難覓하니 留得空船載月歸로다"

위해서는 가장 소중한 생명까지도 버릴 줄 아는 위법망구爲法忘軀의 의지가 중요하며, 또 정법을 믿고 바른 선지식을 의지해서 공부하는 것이 중요한 이유가 바로 이 때문입니다.

　불교를 믿으면서도 잘못된 생각을 하는 사람이 의외로 많다는 사실을 제가 알게 된 것이 도심포교를 시작하면서부터라고 하면 놀라실는지 모르겠습니다. 선지식 스님께 최상승 공부를 했으면서도 아들이 아파 신음하면 무당을 찾아가고 제사를 통해서 해결하려 합니다. 부모의 간절한 마음이라 무어라 할 수 없는 부분이긴 하지만 안타까운 일입니다.

　또 열심히 기도하거나 정진을 통해 해결하지 못하고 용하다는 점쟁이 찾아다니는 불자들을 보면 안타까울 때가 많습니다. 그러므로 바른 믿음은 참으로 소중한 것임을 바로 아는 순간, 우리는 이미 구원받았다고 해야 할 것입니다. "정법이 아니면 설사 내 말이라도 의지하지 말라." 참으로 천둥 같은 말씀이요, 거룩한 성인이라야 할 수 있는 말씀입니다.

• 야보선사 :

"물이 고이면 개울이 되겠구나!"

"종일토록 바쁘고 바쁘나 그 어느 일도 방해되지 않는다. 해탈도 구하지 않고 천당도 즐겁지 않다. 다만 한 생각 무념으로 돌아가면 저 높이 비로정상을 걸어가리라."[38]

---

38 "水到渠成이로다 終日忙忙에 那事無妨이라 不求解脫하고 不樂天堂이로다 但能 一念歸無念하면 高步毗盧頂上行하리라"

❼
무득무설분_{無得無說分}
얻을 것도 없고 설할 것도 없다

(3) 모양이 없다면 어떻게 설법했나에 대한 의심
　(단무상운하득설의斷無相云何得說疑)

7-1

四. 욕득법신주欲得法身住 : 二. 증득법신證得法身 : 지상법신智相法身

"수보리여! 그대 생각은 어떠한가? 여래가 가장 높고 바른 깨달음을 얻었는가? 여래가 설할 법이 있는가?" 수보리가 대답하였습니다. "제가 부처님께서 말씀하신 뜻을 이해하기로는 가장 높고 바른 깨달음이라 할 만한 정해진 법이 없고, 또한 여래께서 설한 단정적인 법도 없습니다.

須菩提야 於意云何오 如來가 得阿耨多羅三藐三菩提耶
수보리　어의운하　여래　득아뇩다라삼먁삼보리야

아 如來가 有所說法耶아 須菩提言하시되 如我解佛所說義
　여래　유소설법야　수보리언　　　여아해불소설의

컨댄 無有定法名阿耨多羅三藐三菩提며 亦無有定法如
　　무유정법명아뇩다라삼먁삼보리　역무유정법여

來可說이니이다
래 가 설

7-2

왜냐하면 여래께서 설한 법은 모두 얻을 수도 없고 설할 수도 없으며, 법도 아니고 법 아님도 아니기 때문입니다. 그것은 모든 성현들이 다 무위법 속에서 차이가 있는 까닭입니다."

何以故오 **如來所說法**은 **皆不可取**며 **不可說**이며 **非法**이며
하 이 고 　여래소설법　 개 불 가 취　 불 가 설　 비 법

非非法이니 **所以者何**오 **一切賢聖**이 **皆以無爲法**으로 **而有**
비 비 법　 소 이 자 하　 일 체 현 성　 개 이 무 위 법　 이 유

差別이니이다
차 별

[강설]

이번에는 (3) **모양이 없다면 어떻게 설법했나에 대한 의심**입니다. 여기서 '모양'이란 얻을 것이 없다 하니 정말 없다는 말로 잘못 알아들은 때문이지요. 얻을 것이 있다는 생각과 얻을 것이 없다는 생각을 다 버려야만 비로소 중도의 실상實相이 나타나는 줄 바로 알아 버리면 아무 의심이 일어나지 않겠지만, 어리석은 사람들은 있다 말하면 영원히 있는 줄 착각하고, 없다 말하면 또 완전히 없는 것을 가리키는 줄 알게 되기 때문에 양쪽을 모두 버리라는 뜻입니다. 그러니 아래 선사들의 견해를 봅시다.

• 야보선사 :

"추우면 춥다고 말하고 더우면 덥다고 말해야 하리라."

"남산에 구름이 일어나니 북산에서 비가 내리고, 나귀 이름들에 마馬 자가 얼마나 많았는가? 청컨대 넓고 아득한 무정수無情水를 보아라. 몇 곳이 모났으며 몇 곳이나 둥글었는가."[39]

불법은 폭넓고 포용력이 큰 종교이므로 어떤 배타적인 분별은 없습니다. 하지만 불교의 대원칙인 사성제와 연기법, 중도의 진리에 어긋나지 않으면 빈부귀천을 막론하고 시장이나 뒷골목에서 회자되는 말 속에도 불법이 숨어 있음을 우리는 일상에서 자주 발견하곤 합니다.

또 중요한 것은 불교의 가르침이 무슨 뜻인지 감을 잡아야 하는데, 감을 잡기 전에는 또는 발심이 되기 전에는 어렵기만 할 뿐입니다. 그래서 달을 가리키면 달을 봐야 할 텐데 손가락만 보고 마는 어리석음을 범하지 말라는 것입니다.

---

39 "寒卽言寒이요 熱卽言熱이로다" "雲起南山雨北山하니 驢名馬字幾多般고 請看浩渺無情水하라 幾處隨方幾處圓고"

선화 이야기 11

세 살 아이도 잘 알지만 팔십 노인도 행하기 어려운 일

　작소 도림[40]화상은 당송팔대가唐宋八大家의 한 분인 백거이[41]가 고을 태수가 되어 인사차 선사를 찾아와서 높다란 나무 위에 계신 스님을 보고 말하였습니다.

　"계신 곳이 심히 위험합니다."

　"태수가 위험한 것이 더욱 심하오. 번뇌의 불이 서로 교차하고 식성識性이 멈추지 않으니 위험할 수밖에."

　태수가 또 물었습니다.

　"어떤 것이 불법의 큰 뜻입니까?"

　"어떤 악도 짓지 말고 착한 일은 다 행하여 스스로 생각을 맑게 하면 이것이 바로 불교의 가르침이네[諸惡莫作 衆善奉行 自淨其意 是諸佛敎]."

　"그것은 세 살 먹은 아이도 잘 아는 말이 아닙니까?"

　"세 살 먹은 아이도 잘 아는 일이지만 팔십 먹은 노인도 실천

---

40 작소 도림(鵲巢 道林, 741~824) : 당나라 경산 도흠(徑山 道欽)의 제자, 작소는 호(조과鳥窠라고도 씀), 도림은 자字, 성은 번藩씨, 항주杭州 부양인富陽人. 장안長安 서명사西明寺 복례復禮에게 『화엄경華嚴經』, 『기신론起信論』을 배우면서 선禪을 닦고, 뒤에 경산의 도흠道欽을 찾아가 심요心要를 깨닫는다.

41 백거이(白居易, 772~846) : 당대唐代 시인, 태원太原 사람. 자는 낙천樂天, 호는 향산香山 거사. 벼슬이 형부상서刑部尙書에 이름. 그의 대표적 작품으로『장한가長恨歌』, 『비파행琵琶行』등은 문사文士, 서민들 간에 널리 애송되었다. 중년에 불교에 귀의하여 고승을 친근하고 향산香山 불광 여만(佛光 如滿, 마조馬祖의 제자)에게 법을 받는다. 뒤에 동도염불결사東都念佛結社에 참예하여 서방왕생西方往生을 염원하였다.

하기 어려운 일이라네[三歲孩兒雖得道 八十老人行不得]."

  분명히 알아들었다면 바로 실천해야 할 터인데, 그것이 자신에게 해당되는 줄 모르기 때문에 자꾸 뒤로 미루다가 홀연히 납월 삼십일을 맞이하는 것입니다.

  🌙

  꼭 부처님 말씀이 아니라 하더라도 불자들은 세간적인 악한 행위를 경계해야 할 것입니다. 무위법에 의지해 구분 짓는다는 판단 기준은 『금강경』에서 중요한 의미를 가집니다.

  또 현장역본에서는 "무유소법여래응정등각無有少法如來應正等覺이며 증아늣다라삼약삼보디證阿耨多羅三藐三菩提며 역무유소법亦無有少法 시여래응정등각소설是如來應正等覺所說이라"고 하였습니다. 여기서 소법少法이란 '조금도'의 뜻을 가집니다.

  "왜냐하면 여래께서 설한 법은 모두 얻을 수도 없고 설할 수도 없으며, 법도 아니고 법 아님도 아니기 때문입니다."[42]

---

42 제4 욕득법신주欲得法身住이니 곧 여래의 법신을 만나는 지위입니다. 제7 무득무설분無得無說分에서 "아뇩보리는 얻을 수도 없고 말할 수도 없다."라고 하신 대목입니다. 증득법신에는 다시 두 종류가 있으니 하나는 지혜의 모습 곧 지상법신智相法身이며, 또 하나는 복덕으로 받은 법신인 복상법신福相法身이니 제8 의법출생분依法出生分에서 "불과佛果와 보리菩提가 모두 이 경에서 나왔다."라고 하신 대목입니다. 따라서 이 제4주는 제8 난득행, 제9 선법행, 제10 진실행에 해당하는 지위입니다.

• 야보선사 :

"이 뭐꼬?"

"이래도 되지 않고 저래도 되지 않으니, 텅 빈 큰 허공에 새가 날지만 그 자취가 없도다. 쯧쯧, 기륜機輪을 돌리니 도리어 거꾸로 돌아가 남북동서에 뜻대로 왕래하도다."**43**

"그것은 모든 성현들이 다 무위법 속에서 차이가 있는 까닭입니다."

• 야보선사 :

"털끝만 한 차이가 있어도 하늘과 땅처럼 벌어지고 만다."

"바른 사람이 삿된 법을 설하면 사법이 다 정正에 돌아오고 삿된 사람이 바른 법을 설하면 정법이 다 사邪로 가고 만다. 강북에서는 탱자가 되고 강남에서는 귤이 됨이여! 봄이 오면 모두 똑같이 꽃이 피도다."**44**

그냥 하라면 잘하던 일을 제대로 해 보라 하면 오히려 못한다는 말 중에 "하던 재주도 멍석 깔아 주면 못한다."라는 말이 있

---

43 "是甚麽오"恁麽也不得이며 不恁麽也不得이니 廓落太虛空에 鳥飛無影跡이로다 咄 撥轉機輪卻倒迴하니 南北東西任往來로다"

44 "毫釐有差하면 天地懸隔이로다"正人이 說邪法하면 邪法이 悉歸正이요 邪人이 說正法하면 正法이 悉歸邪라 江北成枳江南橘이여 春來에 都放一般花로다"

지요. 그냥 열심히 하면 잘할 것을 무슨 부담을 주면 잘 못하는 것은 모두 분별심이요, 소득심 때문입니다.

월드컵 축구대회 4강이나 세계야구대회(WBC) 4강도 오직 잘해 보자는 한 생각으로 할 때는 일본도 이기고 미국도 이겼는데, 정작 무슨 무슨 큰 부담을 주면 공격을 잘 못하는 경우를 허다히 봅니다. 그래서 불교에서는 부처님이 가피력을 내리려고 해도 중생이 게을러서 확신이 없는 사람에게는 가피력을 줄 수가 없게 됩니다. 왜냐하면 삼매에 들어 있는 중생에게만 부처님은 가피력을 줄 수 있기 때문[入定受加]입니다. 삼매에 푹 빠져 버린 사람은, 그래서 기적이 일어나고 죽어 가던 불치병 환자가 다시 소생하기도 하는 것입니다. 그래서 다음 제8 의법출생분에 가서 야보선사도 "일은 무심으로 해야 이루어지는 법이다[事向無心得]."라고 하신 것이 아닐까요!

선화 이야기 12
극락에는 길이 없는데 어떻게 왔는가

경봉 큰스님은 생전에 누가 친견하러 오면 곧잘 이렇게 물으셨습니다. "여기 극락에는 길이 없는데 어떻게 왔는가?"

이 말씀에 로베르 뺑쥐(Robert Pinget)[45]라는 프랑스 인사는, "안내받아 왔습니다."라고 아주 합리적으로 정중하게 대답한 것을 통역을 잘못해서 "허공에서 내려왔습니다."라고 제법 선문답을 엮어 내니, 노사는 틀니가 빠질 정도로 크게 웃으시며 "차나 드시오." 하고 씁쓸해하던 모습이 지금도 역력합니다.

또 어떤 이는 "버스 타고 왔습니다." "걸어서 왔습니다." "한 생각으로 왔습니다." "무심으로 왔습니다." 이렇게 말하는데 등짝이 터질 만큼 얻어맞을 판입니다. 이처럼 다양한 대답이 나옵니다. 대부분의 사람들은 어리둥절해하다가 돌아가려고 합니다. 그러면 노사께서 껄껄 웃으며 말씀하셨습니다.

"대문 밖을 나서면 거기는 돌도 많고 물도 많으니, 돌부리에 걸려 넘어지지도 말고 물에 미끄러져 옷도 버리지 말고 잘들 가거라."

서툰 법문은 어렵기만 하고 고담준론高談峻論은 생활에 별로 도움이 되지 않는 법인데, 노사께서는 사람의 정신을 격동시켜 생생하게 산 정신을 일깨워 주셨던 것입니다.

또 1925년 여름, 금강산의 석두노사石頭老師를 찾아 출가하려는 효봉 원명(曉峰 元明, 1888~1966)스님에게 묻기를 "어디서 왔는가?"라고 했습니다.

"유점사에서 왔습니다."

이 대답이 떨어지기가 무섭게 "몇 걸음에 왔는고?" 하고 다그

---

45 로베르 뺑쥐(Robert Pinget, 1919~1997) : 프랑스의 극작가. 화가로 활동하던 그는 1950년대 문필가로 등장, 소설을 발표하기 시작했다. 그의 작품세계는 풍자적이며 풍부한 상상력이 다채롭게 펼쳐진다.

쳐 물었습니다.

  스님은 벌떡 일어나 큰방을 한 바퀴 빙 돌고는 앉으면서, "이렇게 왔습니다."라고 대답하셨다고 전합니다. 그 후 효봉스님은 평생을 절구통처럼 앉아서 엉덩짝이 큰방 장판지에 눌어붙도록 '무자화두無字話頭'에 몰입하셨던 것입니다.

의법출생분依法出生分
법에 의지해 태어나다

8-1

四. 욕득법신주欲得法身住 : 二. 증득법신證得法身 : 복상법신福相法身

"수보리여! 그대 생각은 어떠한가? 만일 어떤 사람이 삼천대천세계에 칠보를 가득히 채워 보시한다면 이 사람의 복덕이 진정 많겠는가?" 수보리가 대답하였습니다. "매우 많습니다, 세존이시여! 왜냐하면 이 복덕은 바로 복덕의 본질이 아닌 까닭에 여래께서는 복덕이 많다고 하셨기 때문입니다."

須菩提야 於意云何오 若人이 滿三千大千世界七寶로 以
수보리 어의운하 약인 만삼천대천세계칠보   이

用布施하면 是人의 所得福德이 寧爲多不아 須菩提言하시되
용보시   시인   소득복덕이 영위다부 수보리언

甚多니이다 世尊하 何以故오 是福德이 即非福德性일새 是故
심다   세존 하이고 시복덕 즉비복덕성   시고

로 如來가 說福德多니이다
  여래   설복덕 다

8-2

"다시 어떤 사람이 이 경의 사구게만이라도 받고 지니고 다른 사람을 위해 설해 준다고 하자. 그러면 이 복이 저 복보다 더 뛰어나다. 왜냐하면 수보리여! 모든 부처님과 모든 부처님의 가장 높고 바른 깨달음의 법은 다 이 경에서 나왔기 때문이다.

若復有人이 於此經中에 受持乃至四句偈等하야 爲他人
약 부 유 인   어 차 경 중   수 지 내 지 사 구 게 등   위 타 인

說하면 其福勝彼하리니 何以故오 須菩提야 一切諸佛과 及諸
설   기 복 승 피   하 이 고   수 보 리   일 체 제 불   급 제

佛阿耨多羅三藐三菩提法이 皆從此經出이니라
불 아 뇩 다 라 삼 먁 삼 보 리 법   개 종 차 경 출

8-3.

수보리여! 부처의 가르침이라고 말하는 것은 부처의 가르침이 아니다."

須菩提야 所謂佛法者는 即非佛法이니라
수 보 리   소 위 불 법 자   즉 비 불 법

경문은 여기서 ④ 칠보七寶 보시의 비유를 말합니다. 앞에서 말한 무위법과 유위법有爲法의 차이점을 극명하게 보여 주는 비유입니다. 아무리 세상에서 귀한 금은보화라 하더라도 경전을 수지 독송하여 얻은 무위법보다 나을 수는 없기에 이렇게 극명하게 보여 주는 것입니다.

여기서 잠시 사바세계의 구성에 대해 살펴보십시다. 삼천대천 세계를 『구사론俱舍論』 「분별세품分別世品」 제3에 다음과 같이 이릅니다.

사대주일월四大洲日月　소미로욕천蘇迷盧欲天
범세각일천梵世各一千　명일소천계名一小千界
차소천천배此小千千倍　설명일중천說名一中千
차천배대천此千倍大千　개동일성괴皆同一成壞

사대주와 해·달과 수미산과 육욕천과
초선천을 모두 천 곱하면 소천세계라 부르고
이 소천세계를 천 곱하면 중천세계라 부르고
중천을 천 곱하면 대천세계니 모두가 똑같이 생겼다 사라지네.

사대주四大洲를 중심으로 여덟 겹의 향수해[八香海]가 있는데, 사대주는 남南 섬부주, 서西 구야니주, 북北 구로주, 동東 불바제주를 말합니다. 그 향수해 사이마다 일곱 겹의 산이 둘러 있고[七

金山], 그중 제일 바깥쪽을 철위산鐵圍山이라 하고, 수미산은 해와 달보다 높이 솟아 있다고 합니다. 철위산 사이에는 해와 달이 비치지 않는 곳이 있으니 이를 지옥地獄이라 합니다. 사대주 한 가운데 수미산이 솟아 있는데 높이가 8만 4천 유순[1유순은 평균 60 리]이 된다고 합니다.

또 육욕천은 사왕천四王天, 도리천忉利天, 도솔천兜率天, 야마천夜摩 天, 화락천化樂天, 타화자재천他化自在天이고, 색계에 18천이 있으니 사선천四禪天이라 합니다. 무색계도 사천四天이니 합하면 28개의 하늘이 됩니다.

세친보살은 제16 게송에서 다음과 같이 말했습니다.

수지법급설受持法及說　불공어복덕不空於福德
복불취보리福不趣菩提　이능취보리二能趣菩提

법과 설하는 분을 수지하는 이여,
복덕을 비우지 않는다면
복덕으로는 보리로 향하지 못하나니
법과 설하는 분을 수지하는 복덕으로 어찌 보리를 이룰 것인가?

이 게송은 복덕을 지었다는 마음을 비우지 않으면 유위법에 떨어지므로 보리로는 향하지 못하는 것이며, 결국은 법과 설하는 분을 받드는 유위법으로는 보리를 이룰 수 없다는 말씀입니다.

삼계三界 이십팔二十八 천天

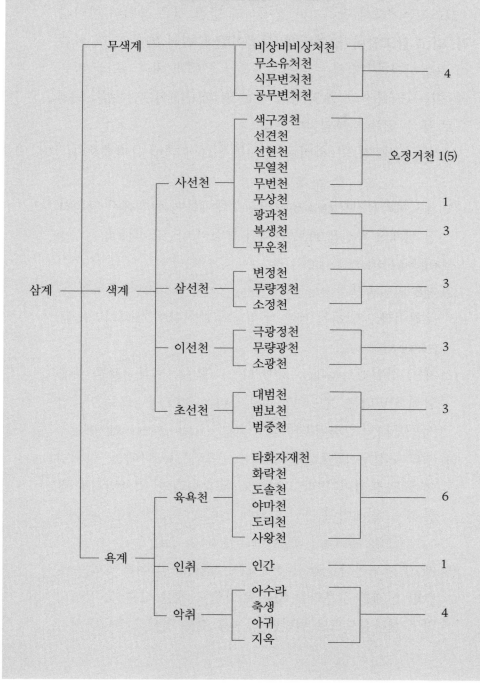

그러고는 "다시 말하지만 불법이라 말한 것은 불법이 아니니라."라고 강조합니다. 이렇게 '불법이란 불법이 아니요, 그 이름이 불법이니라.' 말하는 논법을 『금강경』에서 자주 볼 수 있는데, 이는 ① 긍정과 ② 부정을 통한 ③ 대긍정의 3단논법三段論法으로 볼 수 있는 부분입니다.

여기서 『금강경』의 '즉비卽非의 논리구조'에 대해 살펴봅시다.

(1) 제5 여리실견분如理實見分에서는, "왜냐하면 여래께서 말씀하신 신체적 특징은 바로 신체적 특징이 아니기 때문입니다[何以故 如來所說身相 卽非身相]."

(2) 제8 의법출생분依法出生分에서는, "다시 말하지만 부처의 가르침이라고 말하는 것은 부처님의 가르침이 아니니라[須菩提 所謂佛法者 卽非佛法]."

(3) 제10 장엄정토분莊嚴淨土分에서는, "왜냐하면 불국토를 아름답게 꾸민다는 것은 아름답게 꾸미는 것이 아니므로 아름답게 꾸민다고 말하기 때문입니다[何以故 莊嚴佛土者 則非莊嚴 是名莊嚴]."

(4) 제17 구경무아분究竟無我分에서는, "그러므로 여래는 '일체법이 모두 불법이다.'라고 설하노라. 수보리여! 일체법이라 말한 것은 일체법이 아닌 까닭에 일체법이라 말한다[是故 如來說 一切法 皆是佛法 須菩提 所言一切法者 卽非一切法 是故名一切法]."

(5) 제20 이색이상분離色離相分에서는, "왜냐하면 여래께서는 원만한 신체를 갖춘다는 것은 원만한 신체를 갖춘 것이 아니라고 설하셨으므로 원만한 신체를 갖춘 것이라고 말씀하셨

기 때문입니다. 왜냐하면 여래께서는 신체적 특징을 갖춘다는 것이 신체적 특징을 갖춘 것이 아니라고 설하셨으므로 신체적 특징을 갖춘 것이라고 말씀하셨기 때문입니다[何以故 如來說具足色身 卽非具足色身 是名具足色身 何以故 如來說諸相具足 卽非具足 是名諸相具足]."

(6) 제23 정심행선분淨心行善分에서는, "수보리여! 선법이라는 것은 선법이 아니라고 여래는 설하였으므로 선법이라 말하느니라[須菩提 所言善法者 如來說卽非善法 是名善法]."

(7) 제31 지견불생분知見不生分에서는, "수보리여! 법이라는 관념은 법이라는 관념이 아니라고 여래는 설하였으므로 법이라는 관념이라 말하느니라[須菩提 所言法相者 如來說卽非法相 是名法相]."

선화 이야기 13

기밀 설벱이 설벱이 아니라 그 이름이 설벱이로다

예전에 통도사의 선지식이셨던 경봉鏡峰 큰스님께서는 저의 노스님이 되기도 합니다만, 평소 설법하실 때에 경상도 사투리로 "기밀 설벱이 설벱이 아니라 그 이름이 설벱이로다." 하고 이어서 "나-무 아미 타-불" 하셨던 기억이 새롭습니다.

어떤 불자는 큰스님 흉내를 내어서 "반야바라밀이 반야바라밀이 아니라 그 이름이 반야바라밀이로다. 나-무 아미 타-불" 하다가 스님들에게 혼난 일도 있고, 그 인연으로 노스님께 차를 얻어

마신 일도 있다는 말을 들은 적이 있습니다. 재미난 일이기도 하지요. 이에 대해서는 다음에 다시 설명하겠습니다.

"다시 어떤 사람이 이 경의 사구게만이라도 받고 지니고 다른 사람을 위해 설해 준다고 하자. 그러면 이 복이 저 복보다 더 뛰어나다."

• 야보선사 :

"일은 무심으로 해야 이루어지는 법이다."

"삼천대천세계를 채울 만한 보배로 보시하더라도 복의 인연은 인간과 천상을 떠나지 않으니, 복덕이 원래 성품이 없음을 안다면 본지풍광을 사는 데 돈을 쓰지 않으리라."**46**

"왜냐하면 수보리여! 모든 부처님과 모든 부처님의 가장 높고 바른 깨달음의 법은 다 이 경에서 나왔기 때문이다."47

---

46 "事向無心得이니라" "寶滿三千及大千이라도 福緣이 應不離人天이니 若知福德 元無性하면 買得風光不用錢하리라"

47 제4 욕득법신주欲得法身住이니 곧 여래의 법신을 만나는 지위입니다. 제7 무득 무설분無得無說分에서 "아뇩보리는 얻을 수도 없고 말할 수도 없다."라고 하신 대목입니다. 증득법신에는 다시 두 종류가 있으니 하나는 지혜의 모습 곧 지상 법신智相法身이며, 또 하나는 복덕으로 받은 법신인 복상법신福相法身이니 제8

• 야보선사 :

"또 말하라. 이 경은 어느 곳으로부터 왔는가? 수미정상이요,
대해의 파도 속이로다."**48**

**"수보리여! 부처의 가르침이라고 말하는 것은 부처의 가르
침이 아니다."**

• 야보선사 :

"능히 단 과자를 가지고 너의 쓴 호로와 바꾸도다."

"불법이 법이 아니니 놓아주기도 하고 뺏기도 하는구나. 놓아
주기도 하고 거두기도 하며, 살리기도 하고 죽이기도 하누나. 미
간에 항상 백호광白毫光이 빛나거늘, 어리석은 이는 오히려 보살
에게 묻도다."**49**

의법출생분依法出生分에서 "불과佛果와 보리菩提가 모두 이 경에서 나왔다."라
고 하신 대목입니다. 따라서 이 제4주는 제8 난득행, 제9 선법행, 제10 진실행에
해당하는 지위입니다.
48 "且道하라 此經은 從甚麼處出고 須彌頂上이요 大海波心이니라"
49 "能將蜜果子하야 換汝苦胡蘆로다""佛法非法이여 能縱能奪이라 有放有收하며
有生有殺이로다 眉間에 常放白毫光이어늘 癡人은 猶待問菩薩이로다"

【 생활 속 무심삼매의 사례 】

1. 가도賈島의 시- 퇴고推敲의 고사

〈제이응유거 題李凝幽居 〉

한거소린병閑居少隣竝하고　　초경입황경草徑入荒園이라
조숙지변수鳥宿池邊樹하고　　승고월하문僧敲月下門이라
과교분야색過橋分野色이요　　이석동운근移石動雲根이라
잠거환래차暫去還來此하니　　유기불부언幽期不負言이라

한가한 집이라 이웃이 드물고
풀길은 거친 동산으로 들어가네.
새는 연못가 나무에서 조는데
스님은 달빛 아래 대문을 두드리도다.
다리를 지나자 들색이 분명하고
구름은 바위로 옮겨 간다.
잠시 갔다가 다시 돌아온 것은
아득한 기약을 저버릴 수 없어서이네.

본래 시를 좋아했던 가도(賈島, 777~841, 자는 낭선浪仙)는 나중에 스님
이 되어 법명을 무본無本이라 했습니다. 어느 날 가도가 나귀를
타고 장안의 거리를 중얼거리며 가고 있었어요.

한가한 집이라 이웃이 드물고
풀길은 거친 동산으로 들어가네.
새는 연못가 나무에서 졸고 있는데
스님은 월하문을 두드리네[敲]…… 아니다……
스님은 월하문을 밀치도다[推].

아! 그러면 나무에서 졸던 새가 문 두드리는 소리에 깰 것이니, 새에 대한 예의가 아니고, 월하문을 밀치고 들어가면 남의 집을 무단으로 침입하는 것이니 선비가 할 행동이 아니고, 아, '퇴推'로 할 것인가, '고敲'로 할 것인가 이것이 문제로다.

그러는 사이에 당대의 시인이자 고관高官 경윤京尹, 요즘으로 말하면 서울시장인 한유韓愈가 지나가는 것도 모르는 채 행차를 지나치다가 퇴지의 부하들에게 붙들려 그의 앞에 끌려갔습니다.

"어찌 부윤府尹님의 앞길을 비켜나질 않는가?"

무릎을 꿇은 가도의 상황 설명을 들은 퇴지退之는 '퇴'보다는 '고'가 좋다고 해서 '고'로 고치게 되고, 그 후부터 '퇴고'는 자구字句를 다듬는 뜻으로 사용하게 되었습니다. 이를 계기로 두 사람은 아주 친하게 되었다고 합니다.

2. 안연顏淵의 단사표음簞食瓢飮

중국 춘추전국시대春秋戰國時代는 '사상의 황금기'라 할 정도로 수많은 사상가들이 백가쟁명百家爭鳴의 기치旗幟를 드높이던 시대였습니다. 그 가운데 특히 공자孔子의 수제자 안연顔淵은 미인박명美人薄命이라는 말을 절로 떠올리게 하는 인물로 기억되는 분입니다.

단사표음簞食瓢飮은 안연에게서 유래된 고사로, 조선시대 선비의 이상적 정신 자세를 가늠하는 척도로 작용할 정도로 그 가치를 높이 평가할 수 있는 성어成語였습니다. 아울러 현대를 살아가는 우리들 역시 자신의 삶에 조그마한 의미라도 부여한다면 마음가짐을 어떻게 지녀야 하는지를 되새기는 계기로 삼을 수 있을 것입니다.

'대그릇[簞]의 밥[食]과 표주박[瓢]의 물[飮]'이라는 뜻의 단사표음簞食瓢飮은, 비루하고 누추한 거리에서 살아간다는 '단표누항簞瓢陋巷'으로 사용되기도 합니다. 아주 나쁜 음식과 누추한 집에서 생활하면서 그 가운데에서도 인간의 올바른 도를 즐기는 '안빈낙도安貧樂道'의 자세를 일컫는 말입니다. 그 유래는 공자의 언행록言行錄이라 할 수 있는 『논어論語』 「옹야편雍也篇」이나 『맹자孟子』 「이루장구하離婁章句下」에서 찾을 수 있습니다.

공자가 말하였다.
"어질도다. 안회여! 한 대그릇의 밥과 한 표주박의 물을 먹으면서 좁고 누추한 거리에 사는 것을 다른 사람들은 그 근심을 견디지 못하거늘, 안회는 그 속에서도 즐거움을 고치지 아니하니,

어질도다 안회여!"⁵⁰

50 『논어論語』옹야편雍也篇에 운云, "子曰 賢哉라 回也여 一簞食와 一瓢飮으로 在
陋巷을 人不堪其憂어늘 回也는 不改其樂하니 賢哉라 回也여"

8. 의법출생분依法出生分   113

金剛般若波羅蜜經

9 일상무상분
一相無相分
하나의 모양도 모양이 없다

10 장엄정토분
莊嚴淨土分
부처님 세상을 장엄하다

11 무위복승분
無爲福勝分
무위의 복이 뛰어나다

12 존중정교분
尊重正教分
올바른 가르침은 존중되어야 한다

일상무상분 一相無相分

하나의 모양도 모양이 없다

(4) 성문이 사과四果를 성취함도 취착이 아닌가 하는 의심
(단성문득과시취의斷聲聞得果是取疑)

9-1

五. 어수도득승중무만주於修道得勝中無慢住 / 이제일만장離第一慢障

"수보리여! 그대 생각은 어떠한가? 수다원이 '나는 수다원
과를 얻었다.'고 생각하겠는가?" 수보리가 대답하였습니다.
"아닙니다, 세존이시여! 왜냐하면 수다원은 '성인의 흐름에
든 자'라고 불리지만 들어간 곳이 없으니 형색, 소리, 냄새, 맛,
감촉, 마음의 대상에 들어가지 않는 것을 수다원이라 하기 때
문입니다."

"수보리여! 그대 생각은 어떠한가? 사다함이 '나는 사다함
과를 얻었다.'고 생각하겠는가?" 수보리가 대답하였습니다.
"아닙니다, 세존이시여! 왜냐하면 사다함은 '한 번만 돌아올
자'라고 불리지만 실로 돌아옴이 없는 것을 사다함이라 하기
때문입니다."

"수보리여! 그대 생각은 어떠한가? 아나함이 '나는 아나함
과를 얻었다.'고 생각하겠는가?" 수보리가 대답하였습니다.

"아닙니다, 세존이시여! 왜냐하면 아나함은 '되돌아오지 않는 자'라고 불리지만 실로 되돌아오지 않음이 없는 것을 아나함이라 하기 때문입니다."

"수보리여! 그대 생각은 어떠한가? 아라한이 '나는 아라한의 경지를 얻었다.'고 생각하겠는가?"

須菩提야 於意云何오 須陀洹이 能作是念호대 我得須陀洹
수보리 어의운하 수다원 능작시념 아득수다원

果不아 須菩提言하시되 不也니다 世尊하 何以故오 須陀洹은
과부 수보리언 불야 세존 하이고 수다원

名爲入流로대 而無所入이니 不入色聲香味觸法일새 是名
명위입류 이무소입 불입색성향미촉법 시명

須陀洹이니이다 須菩提야 於意云何오 斯陀含이 能作是念
수다원 수보리 어의운하 사다함 능작시념

호대 我得斯陀含果不아 須菩提言하시되 不也니다 世尊하 何
아득사다함과부 수보리언 불야 세존 하

以故오 斯陀含은 名一往來로대 而實無往來일새 是名斯陀
이고 사다함 명일왕래 이실무왕래 시명사다

含이니이다 須菩提야 於意云何오 阿那含이 能作是念호대 我
함 수보리 어의운하 아나함 능작시념 아

得阿那含果不아 須菩提言하시되 不也니다 世尊하 何以故오
득아나함과부 수보리언 불야 세존 하이고

阿那含은 名爲不來로대 而實無不來일새 是故로 名阿那含
아나함 명위불래 이실무불래 시고 명아나함

이니이다 須菩提야 於意云何오 阿羅漢이 能作是念호대 我得
수보리 어의운하 아라한 능작시념 아득

阿羅漢道不아
아라한도부

수보리가 대답하였습니다. "아닙니다, 세존이시여! 왜냐하면 실제 아라한이라 할 만한 법이 없기 때문입니다. 세존이시여! 아라한이 '나는 아라한의 경지를 얻었다.'고 생각한다면 자아·개아·중생·영혼에 집착하는 것입니다. 세존이시여! 부처님께서 저를 '다툼 없는 삼매를 얻은 사람 가운데 제일이고 욕망을 여읜 제일가는 아라한'이라고 말씀하셨습니다. 저는 '나는 욕망을 여읜 아라한이다.'고 생각하지 않습니다. 세존이시여! 제가 '나는 아라한의 경지를 얻었다.'고 생각한다면 세존께서는 '수보리는 적정행을 즐기는 사람이다. 수보리는 실로 적정행을 한 것이 없으므로 수보리는 적정행을 즐긴다고 말한다.'라고 설하지 않으셨을 것입니다."

須菩提言하시되 不也니다 世尊하 何以故오 實無有法名阿
수보리언   불야   세존   하이고   실무유법명아

羅漢이니 世尊하 若阿羅漢이 作是念호대 我得阿羅漢道라하면
라한   세존   약아라한   작시념   아득아라한도

即爲著我人衆生壽者니이다 世尊하 佛說我得無諍三昧하야
즉위착아인중생수자   세존   불설아득무쟁삼매

人中에 最爲第一이라 是第一離欲阿羅漢이라하니 我不作是
인중 최위제일   시제일이욕아라한   아부작시

念호대 我是離欲阿羅漢이라하노이다 世尊하 我若作是念호대
념   아시이욕아라한   세존   아약작시념

我得阿羅漢道라하면 世尊이 則不說須菩提가 是樂阿蘭那
아득아라한도   세존   즉불설수보리   시요아란나

行者어니와 **以須菩提**가 **實無所行**일새 **而名須菩提**가 **是樂**
행 자   이 수 보 리   실 무 소 행   이 명 수 보 리   시 요

阿蘭那行이니라
아 란 나 행

`강설`

이 부분은 네 번째 의심이니 <u>(4) 성문이 사과四果를 성취함도</u>
<u>취착이 아닌가 하는 의심</u>입니다.

그런데 성문[51]이 사과四果를 성취하려면 7번 생사를 거듭하는[七
返生死] 과정을 거치게 됩니다. 수다원須陀洹은 16가지 마음으로 88
가지 견도혹見道惑을 끊고서 성인의 부류에 들어가기 때문에 이름
하여 입류入流라 하는 것입니다.

사다함斯陀含은 '일왕래一往來'라 번역하니, 인간 세상에 한 번만
더 왔다 가면 열반에 이른다는 뜻입니다. 이 사다함부터 3계의
수도혹修道惑을 끊고서 욕계의 탐貪·진瞋·치癡·만慢과 색계 무색
계의 네 가지 혹惑을 끊습니다. 여기에 걸리는 시간이 무려 6생
입니다. 그리고 아나함阿那含이 되어 색계의 제4선천 중 오나함천
五那含天에 태어나서 한 번의 생사를 거듭하면 아라한의 지위에 오
르게 되는 것이지요.[52] 마지막 과위인 아라한阿羅漢은 '무적無敵, 불

---

51 성문聲聞 : 범어 Sravaka의 번역이니, 7생生으로 60겁 동안 4성제四聖諦의 법을
닦아 수다원須陀洹, 사다함斯陀含, 아나함阿那含, 아라한阿羅漢의 사과四果를
얻어 열반을 얻은 부류의 성인을 말한다.

52 上上品 ── 二生 ┐   下上品 ┐
　　 上中品 ── 一生 │   下中品 ├ 一生 ── 아나함이 됨
　　 上下品 ── 一生 ┘ 사다함이 됨   下下品 ┘

생不生, 응공應供'이라 번역합니다. 이 가운데 불생不生이란 다시는 인간 세상에 태어나지 않는다는 뜻이지요. 이처럼 소승 성문들은 '단번뇌斷煩惱 득보리得菩提'의 가르침을 실천하여 깨달음을 얻습니다. 그 과정에 대해 『구사론俱舍論』에서는 게송에서 말합니다.

고하구일체苦下具一切　　집멸제삼견集滅除三見
도제어이견道除於二見　　상계불행진上界不行瞋

고제苦諦 밑에는 일체가 갖추어 있고
집제와 멸제에는 3견見을 제하고
도제에는 2견見을 제하고
상계에는 진에가 존재하지 않는다.[53]

이렇게 어려운 수행 과정을 거쳐서 얻은 아라한과는 언뜻 보면 대단한 성취감에 사로잡혀야 할 줄로 보이겠지만, 아라한에게 그런 성취감이나 우쭐함은 있을 수 없습니다. 왜냐하면 그런 성취감도 바로 아라한이 끊어야 할 번뇌 가운데 하나이기 때문입니다. 그래서 불교의 수행은 '수이무수修而無修요 무수이수無修而

中上品 ― 一生
中中品 ┐
中下品 ┘一生

53 일체는 10사使 모두를, 3견見은 신견身見과 변견邊見 및 계금취견戒禁取見을, 2견見은 견견見見과 변견邊見을 가리킨다.

修'라 하는지도 모릅니다. 다시 말하면 '닦으면서도 닦는다는 생각이 없어야 하고, 본래로 닦는다는 생각 없이 닦는다.'는 뜻일 것입니다.[54]

이처럼 7번의 생사를 거듭한 끝에 아라한이 된다는 말씀을 기억하면서 다음 말씀을 봅시다.

• 야보선사 :

"모든 만물은 항상함이 없어서 모든 것이 다 고통이다."

"세 지위의 성문이 이미 번뇌에서 벗어났지만 왕래하며 고요함을 구하니 친하고 소원함이 있구나. 분명하고 분명한 네 과위는 원래 결과라는 것이 없으니 환화와 헛된 몸이 곧 법신이로다."[55]

여기서 생사 문제에 대해 살펴볼까요.

선사들은 일대사인연一大事因緣이 오직 생사 문제에서 해탈하는 것이라 말합니다. 『선요禪要』에서 고봉선사[56]는, "생사의 일이 크

---

54 제5 어수도득승중무만주於修道得勝中無慢住이니 곧 '도를 닦아 수승함을 얻더라도 교만심을 내지 않는 지위'를 말합니다. 이것은 제9 일상무상분一相無相分에서 사과四果의 성문이 각자 얻은 바가 없음을 밝힌 대목으로서 십회향 중 제1 구호일체중생회향에 해당합니다.

55 "諸行이 無常하야 一切皆苦로다" "三位聲聞이 已出塵이나 往來求靜有疏親이로다 明明四果가 元無果하니 幻化空身이 卽法身이로다"

56 고봉 원묘(高峰 原妙, 1238~1295) : 송대宋代 임제종 호구파虎丘派, 강소성 소주부蘇州府 오강현吳江縣 사람. 성은 서徐씨. 15세에 체발剃髮하고 17세에 밀인사密印寺 법주法住에게 수업하고 천태학天台學을 공부하고 정자사淨慈寺에서 '삼년사한三年死限'을 세워 정진하였다. 단교 묘륜(斷橋 妙倫)에 묻고 북간사

고 무상함이 빠르다. 태어났지만 어디서 온 줄 모르는 것을 태어남의 큰일[生大]이라 하고, 죽어서 어디로 가는 줄 모르는 것을 죽음의 큰일[死大]이라 말한다. 다만 이 생사의 일대사가 참선하고 배우는 목구멍이며 성불하고 조사가 되는 열쇠요, 자물쇠로다."[57]

선화 이야기 14

나고 죽음의 일이 크고, 무상이 너무 빠릅니다

"생사사대生死事大요, 무상신속無常迅速이라." 누구도 여기에서 자유로울 사람은 없겠지요. 그러므로 부처님께서 설산고행을 통해 바로 이 문제를 해결하신 것입니다. 그런데 이 말은 육조의 제자 영가 현각[58]선사의 어록입니다.

처음 육조를 뵈었을 때 선사 주위를 세 번 돌고 석장을 떨치고

北磵寺 설암 조흠(雪巖 祖欽)의 법을 이었다(1261).

57 "生死事大하고 無常迅速이라 生不知來處를 謂之生大요 死不知去處를 謂之死大니 只者生死一大事가 乃是參禪學道之喉襟이며 成佛作祖之管轄이라"

58 영가 현각(永嘉 玄覺, 665~713) : 당대唐代 스님, 육조 혜능의 제자, 온주溫州 영가현永嘉縣 사람. 성은 대戴씨, 이름은 현각, 영가는 호, 별호는 일숙각一宿覺. 8세에 출가하여 장경藏經을 널리 보고 특히 천태지관(天台止觀)에 정통하다. 뒤에『유마경』을 보다가 깨친 바가 있었고, 조계에 가서 육조를 뵙고 깨달아 인가印可받고는 하룻밤을 자고 떠나니 당시 사람들이 '일숙각一宿覺'이라 불렀다.

서 있었습니다. 육조스님께서 현각에게 말했습니다.

"사문이란 3천 가지 위의와 8만 가지 예법을 갖추어야 하는데 대덕은 어디서 왔길래 이처럼 거만한가?"

그러자 현각이 대답했습니다.

"나고 죽음의 일이 크고, 무상이 너무 빠릅니다."

"어찌 나는 것이 없음을 체달하지 못하고 빠르지 않다는 것을 깨닫지 못하느냐?"라고 육조스님이 다시 묻자 현각이 말했습니다.

"체달하면 생겨남이 없고 요달하면 본래로 빠름도 없습니다."

"네 말이 옳고 옳다."

현각이 비로소 위의를 갖추고서 예배하고는 떠나려 하였습니다. 육조께서 "너무 빠르지 않느냐?" 하셔서 결국 일숙각一宿覺이라는 별호를 얻게 되었습니다.[59]

　·

• 야보선사 :

"선정에 들면 구름이 골짜기에 걸쳐 있고, 화두를 놓으면 달이 찬 못에 떨어지도다."

"말이라 부른들 어찌 말이 되며, 소라고 부른들 반드시 소가 아니로다. 두 가지를 함께 놓아 버리고 중도도 일시에 쉴지어다.

---

[59] 『육조단경』기연품機緣品 제7에 나오는 내용이다.

육문六門에서 먼 하늘의 매처럼 흩어져 나타나니[迸出] 하늘과 땅에 홀로 걸어서 모두 거두지 못하도다."**60**

"세존이시여! 부처님께서 저를 '다툼 없는 삼매를 얻은 사람 가운데 제일이고 욕망을 여읜 제일가는 아라한'이라고 말씀하셨습니다. 저는 '나는 욕망을 여읜 아라한이다.'고 생각하지 않습니다."

• 야보선사 :

"알았다고 말하면 그전처럼 도리어 옳지 못하도다."

"조개 속에는 밝은 구슬 숨어 있고 돌 속에는 푸른 옥 감추었어라. 사향이 있으매 자연히 향기롭나니 어찌하여 바람 앞에 섰으리오. 살림살이 보아 오면 흡사 없는 듯하나 응용하면 낱낱이 다 구족하도다."**61**

---

60 "把定則雲橫谷口요 放下也에 月落寒潭이로다" "喚馬何曾馬리오 呼牛未必牛라 兩頭를 都放下하고 中道도 一時休라 六門에 迸出遼天鶻하니 獨步乾坤總不收로다"

61 "認著하면 依前還不是니라" "蚌腹에 隱明珠하고 石中에 藏碧玉이라 有麝自然香이니 何用當風立이리오 活計看來恰似無나 應用頭頭皆具足이로다"

❿
장엄정토분莊嚴淨土分
부처님 세상을 장엄하다

(5) 석가부처님도 연등불의 설법을 듣지 않았나 하는 의심
   (단석가연등취설의斷釋迦燃燈取說疑)

10-1

六. 불리불출세시주不離佛出世時住 / 이제이소문장離第二少聞障

부처님께서 수보리에게 말씀하셨습니다. "그대 생각은 어떠한가? 여래가 옛적에 연등부처님 처소에서 법을 얻은 것이 있는가?" "없습니다, 세존이시여! 여래께서 연등부처님 처소에서 실제로 법을 얻은 것이 없습니다."

佛이 告須菩提하시되 於意云何오 如來가 昔在然燈佛所하야
불   고수보리   어의운하   여래   석재연등불소

於法에 有所得不아 不也니다 世尊하 如來가 在然燈佛所하사
어법   유소득부   불야   세존   여래   재연등불소

於法에 實無所得이니이다
어법   실무소득

강설

이제 다섯 번째 의심을 말할 차례입니다. (5) 석가부처님도 연

등불의 설법을 듣지 않았나 하는 의심[62]을 하는 중생들에게 위와 같이 말씀하십니다.

• 야보선사 :

"예[古]는 예[古]고 지금은 지금이로다."

"한 손은 하늘을 가리키고 한 손은 땅을 가리키니 남북동서에 추호도 볼 수 없도다. 태어나면서부터 마음과 포부가 하늘같이 크시니 무한한 마군들의 붉은 깃발을 넘어뜨리도다."[63]

(6) 보살들이 불국토를 장엄하는 것은 얻음이 아닌가 하는 의심
   (단엄토위어불취의斷嚴土違於不取疑)

10-2

의보依報 : 七. 원정불토주願淨佛土住

이제삼소반연작념수도장離第三小攀緣作念修道障

"수보리여! 그대 생각은 어떠한가? 보살이 불국토를 아름답게 꾸미는가?" "아닙니다, 세존이시여! 왜냐하면 불국토를 아름답게 꾸민다는 것은 아름답게 꾸미는 것이 아니므로 아름답

---

62 제6 불리불출세시주不離佛出世時住이니 곧 '부처가 세상에 나오는 때를 여의지 않는 지위'입니다. 제10 장엄정토분莊嚴淨土分 첫머리에 "연등불께 얻은 바가 없다."라고 밝히신 대목으로 제2 불괴회향不壞廻向에 해당합니다.

63 "古之今之로다" "一手指天하고 一手指地하시니 南北東西에 秋毫不視로다 生來心膽이 大如天하시니 無限群魔가 倒赤幡이로다"

게 꾸민다고 말하기 때문입니다."

須菩提야 於意云何오 菩薩이 莊嚴佛土不아 不也니다 世尊
수보리   어의운하   보살   장엄불토부   불야   세존

하 何以故오 莊嚴佛土者는 則非莊嚴일새 是名莊嚴이니이다
  하이고   장엄불토자   즉비장엄   시명장엄

10-3

"그러므로 수보리여! 모든 보살마하살은 이와 같이 깨끗한
마음[淸淨心]을 내어야 한다. 형색에 집착하지 않고 마음을 내어
야 하고 소리, 냄새, 맛, 감촉, 마음의 대상에도 집착하지 않
고 마음을 내어야 한다. 마땅히 집착 없이 그 마음을 내어야
한다.

是故로 須菩提야 諸菩薩摩訶薩이 應如是生淸淨心이니 不
시고   수보리   제보살마하살   응여시생청정심   불

應住色生心하며 不應住聲香味觸法生心이요 應無所住하야
응주색생심   불응주성향미촉법생심   응무소주

而生其心이니라
이생기심

강설
  그러고는 여섯 번째 의심을 말합니다. (6) 보살들이 불국토를
장엄하는 것은 얻음이 아닌가 하는 의심이지요.

'불국토를 장엄한다는 것'[64]은 어떤 것을 말하는 것일까요? 원론적으로는 반야공의 진리에 대한 믿음을 실천하는 것이 바로 보살의 장엄일 텐데요. 좀 더 쉽게 말한다면 열심히 부처님께 예배하고 공양 공경하며, 불법 진리를 열심히 공부한다거나 세상의 평화와 자비의 실천을 위해 노력하는 것이 바로 장엄불토가 아닐까요! 『금강경』식으로 말한다면 무주상보시無住相布施의 실천과 수지독송受持讀誦 위타인설爲他人說하는 것이 바로 장엄일 것입니다.

• 야보선사 :
'불국토 장엄'에 대해,
"어머니의 속옷이요, 청주에서 만든 장삼이구나."[65]

무슨 뜻인지 깜깜절벽이지요? 오늘 하루 계속 참구해 보세요. 여기서 마지막 네 구절은 『금강경』의 두 번째 사구게입니다.

"형색에 집착하지 않고 마음을 내어야 하고 소리, 냄새, 맛, 감촉, 마음의 대상에도 집착하지 않고 마음을 내어야 한다. 마땅히 집착 없이 그 마음을 내어야 한다."

---

64 제7 원정불토주願淨佛土住이니 곧 불국토 맑히기를 서원하는 지위입니다. 역시 장엄정토분에서 "보살이 불국토를 장엄하느냐?"라고 물으신 대목으로서 제3 등일체불회향等一切佛廻向에 해당합니다.
65 "孃生袴子요 靑州布衫이로다"

不應住色生心이요　不應住聲香味觸法生心이라

應無所住하여　　　而生其心이니라

• 야보선사 :

'형색과 소리 등에 머물지 말라.'는 말씀에 대해,

"비록 그렇지만 눈앞에 있는 것을 어찌하리오."

"색을 보면 색에 간섭받지 않고 소리를 들어도 이 소리가 아니로다. 색과 소리가 걸리지 않는 곳에서 친히 법왕성에 이르리라."[66]

　여기서 '응무소주이생기심應無所住而生其心'은 바로 육조 혜능스님의 심안心眼이 열린 유명한 게송이기도 합니다. 또한 이 부분으로 인해 『금강경』이 조계종의 교과서가 되었다 해도 과언이 아닐 것입니다.

선화 이야기 15

『금강경』으로 깨달음 얻은 육조대사

　육조 혜능(六祖 慧能, 638~713)스님은 달마선법의 제6대 조사이며, 오조 홍인五祖 弘忍의 적자嫡子로 알려져 있습니다. 중국 남쪽 영남

---

66 "雖然恁麼나 爭奈目前에 何오" "見色非于色이요 聞聲不是聲이라 色聲不礙處에 親到法王城이로다"

신주薪州 사람으로, 호는 조계曹溪입니다. 세 살에 아버지를 여의고 땔나무를 팔아 어머니를 봉양하다가 어느 날 장터에서 어떤 스님이 『금강경』 읽는 소리를 듣고 심안心眼이 열렸습니다. 기주薪州 동산사東山寺의 오조 홍인스님께 참예하여 깨달음을 얻고 의발衣鉢을 전해 받았으나 남쪽으로 도망가는 비운을 겪게 되는데, 이때 깨달은 게송을 소개합니다.

하기자성何期自性이 본자청정本自淸淨이며
하기자성何期自性이 본불생멸本不生滅이며
하기자성何期自性이 본자구족本自具足이며
하기자성何期自性이 본무동요本無動搖며
하기자성何期自性이 능생만법能生萬法이닛고

자성이 본래 스스로 청정함을 어찌 알았으며
자성이 본래 나고 죽지 않음을 어찌 알았으며
자성이 본래 스스로 구족함을 어찌 알았으며
자성이 본래 동요함이 없음을 어찌 알았으며
자성이 능히 만법을 냄을 어찌 알았으리오!

4년간 스승 홍인의 지시대로 사냥꾼 무리 속에 숨어 지내다가, 의봉儀鳳 원년(676) 남해南海(광동성) 법성사法性寺로 가서 인종화상印宗和尙에게 비로소 계를 받습니다. 다음 해 조계曹溪 보림사寶林寺로 이주하여 선풍을 드날렸으니 깨달은 지 실로 16년 뒤의 일입니다. 신룡神龍 원년(705) 중종의 부름을 받고도 나가지 않았으며, 그의 문하로부터 오종칠가五宗七家, 곧 선의 황금시대를 구가하였으며, 43인의 전법제자 가운데 남악양南岳讓, 청원사青原思, 하택회荷澤會, 영가각永嘉覺, 남양충南陽忠 등이 뛰어났습니다.

30년 선배인 신수대사神秀大師는 측천무후에게 스님을 추천하기도 하였는데, 신수는 주로 북방의 장안長安, 낙양洛陽 등지에서 점수漸修의 법을 유포한 데 대하여 혜능慧能은 주로 남방에서 돈법頓法을 폈으므로 후세 사람들이 '남돈북점南頓北漸'이라 하였습니다. 해인사 법당 벽화에는 혜능 행자가 돌을 짊어지고 방아를 찧는 그림이 지금도 걸려 있을 것입니다.

• 야보선사 :

응무소주이생기심應無所住而生其心에 대해,

"뒤로 물러서고 뒤로 물러서 보고 보아라. 굳은 돌이 굴러온다."

"고요한 밤 산방에 말없이 앉았으니 적적하고 쓸쓸함이 본래 그대로더라. 무슨 일로 서풍은 임야를 흔들어 한 소리로 찬 기러기가 긴 하늘을 울게 하는가?"[67]

육조스님께서 깨달으신 내용이나 원효대사께서 한 소식 하신

---

[67] "退後退後어다 看看하라 頑石이 動也로다" "山堂靜夜坐無言하니 寂寂寥寥本自然이라 何事西風이 動林野하야 一聲寒鴈이 唳長天고"

일이나 불법의 핵심에 바로 들어간 소식을 전하는 선사들의 살아 있는 말씀[活句]은 바로 당체를 가리키는 데 반해서, 교학 체계에 의지한 말씀은 우리의 수상행식만 이해시키고 마는 것입니다. 그러므로 눈 밝은 선사, 곧 깨달은 도인들은 안광낙지시眼光落地時에 아무 소용이 없다고 말씀하십니다. 다음 생에 윤회에 떨어지고 마는 허망한 일이라는 것이지요.

(7) 수행하여 보신을 이루신 것도 얻음이 아닌가 하는 의심
(단수득보신유취의斷受得報身有取疑)

10-4
정보正報 : 八. 성숙중생주成熟衆生住 / 이제사사중생장離第四捨衆生障

　수보리여! 어떤 사람의 몸이 산들의 왕 수미산만큼 크다면 그대 생각은 어떠한가? 그 몸이 크다고 하겠는가?" 수보리가 대답하였습니다. "매우 큽니다, 세존이시여! 왜냐하면 부처님께서는 몸 아님을 설하셨으므로 큰 몸이라 말씀하셨기 때문입니다."

須菩提야 **譬如有人**이 **身如須彌山王**하면 **於意云何**오 **是身**
수 보 리　비 여 유 인　신 여 수 미 산 왕　어 의 운 하　시 신

이 **爲大不**아 **須菩提言**하시되 **甚大**니다 **世尊**하 **何以故**오 **佛說**
위 대 부　수 보 리 언　심 대　세 존　하 이 고　불 설

非身이 **是名大身**이니이다
비 신　시 명 대 신

그러고는 일곱 번째 의심을 말합니다. **(7) 수행하여 보신을 이루신 것도 얻음이 아닌가** 하는 것이지요. 그래서 다시 앞의 ② 신상身相의 비유를 말합니다.

삼신三身은 바로 법신, 보신, 화신을 일컫습니다. 법신法身은 진리의 본체를 말함이니 명호는 비로자나毘盧遮那이고, 주처는 법성토法性土입니다. 보신報身은 부처님들이 과거 수행의 결과로 얻은 지혜에다 붙인 이름이니, 여기에는 자수용신自受用身과 타수용신他受用身이 있습니다. 자수용신은 본인이 얻은 법을 스스로 즐기는 몸이요, 타수용신은 초지初地 이상의 보살들을 위하여 나타내는 몸입니다. 보신의 이름은 노사나盧舍那요, 주처住處는 적광토寂光土입니다. 다음으로 화신化身은 중생들을 교화하기 위하여 나투는 몸이니, 우리와 똑같은 몸으로 변화해 나투는 몸입니다. 그 이름은 석가모니釋迦牟尼이시고, 그의 국토는 예토穢土입니다.

그런데 이 세 부처님은 따로 별개의 개체가 있는 것이 아니라 삼신이 하나인데 세 측면에서 보인 것일 뿐이니, 마치 맑은 거울의 본체와 티 없는 상태와 잘 비치는 상태의 세 부문으로 나뉜 것과 같습니다.

• 야보선사 :

"설사 (부처님이) 있다 한들 어느 곳을 향해 둘 것인가?"

"수미산을 가지고 환화幻化 같은 몸뚱이를 지으려 하니, 설사 그대가 담이 크고 또 마음이 크다 하여 눈앞에서 천만 가지 지적해 낼지라도 나는 그중에서 한 개도 없다 말하리라. 문득 이 속으로 들어갈지어다."**68**

구지俱胝선사의 한 손가락 선禪

구지俱胝선사는 비구니 덕분에 깨치게 된 경우라 하겠습니다. 그는 천태산의 토굴에서 혼자 정진했어요. 어느 날 해가 뉘엿뉘엿 넘어갈 무렵 실제實際라는 비구니가 찾아와 삿갓을 쓰고 석장錫杖을 든 채 선사 주위를 세 바퀴 돌고서는 말했어요.

"바로 대답하시면 이 삿갓을 벗겠습니다."

비구니가 삿갓 쓰고 지팡이를 짚고서 대뜸 나타나 한 말이었는데, 복색도 복색이거니와 그 내뱉는 질문도 듣는 비구로서는 고약하다는 느낌이었죠. 그런데 그 말을 세 번이나 반복했어요. 기분이 별로였지만 비구 비구니를 떠나 '법다이' 한마디 대답을 해야만 했는데, 도무지 입이 떨어지지 않았어요. 그러자 그 비구니는 그냥 가려고 했습니다. 안목 없는 비구 옆에 더 있어 봐야 시간 낭비라는 표정을 삿갓 속에 감추고서 말이지요. 어쨌거나

---

68 "設有人들 向甚麽處著고" "擬把須彌作幻軀하니 饒君膽大更心麤라 目前에 指出 千般有라도 我道其中一也無라호리라 便從這裡入이어다"

그런 것은 모두 접어두고, 날도 저물었는데 밤길을 가겠다고 하니 비구 입장에서 한마디 안 할 수가 없었지요.

"날이 어두워졌으니 내일 해가 밝으면 떠나시지요."

그래도 실제實際 비구니는 똑같은 말만 거듭 반복할 뿐이었어요.

"바로 일러 주시면 하룻밤 묵고 가겠습니다."

드디어 망신살 뻗치는 소리가 들리는 듯했어요. 꿀 먹은 벙어리처럼 가만 있으려니, 그 비구니는 뒤도 안 돌아보고 가 버렸어요. 구지선사는 그날 이후 얼마나 분심憤心이 났던지 이를 악물고 용맹정진하였지요. 얼마 후 대선지식 천룡天龍선사가 그곳을 지나가게 되었는데, 그래서 선사에게 자초지종을 이야기하고 '그 한마디'를 청하였어요.

"처음부터 물어라!" 하니, 비구니처럼 석장을 짚고 삿갓을 쓰고는 "바로 이르시면 이 삿갓을 벗겠습니다."라고 하였어요. 이에 천룡선사는 아무 말 없이 손가락 하나를 치켜세울 뿐이었습니다. 그 순간 구지선사는 깨쳤습니다. 아마 그때 다녀간 사람이 비구였다면 똑같은 경우가 벌어졌다 하더라도 그 정도 분심을 일으키지는 못했을 것입니다. 어쨌거나 삿갓 쓰고 석장 짚고 느닷없이 나타나 스트레스를 주고 사라진 그 비구니 덕분에 다시 발심해 안목이 열렸으니[俱胝竪指], 이는 제대로 된 만남 곧 거룩한 만남인 셈이지요. 이처럼 우리는 비구라는 상相, 비구니라는 상, 수행자라는 상, 온갖 상에 둘러싸여 살고 있는 것입니다.

선화 이야기 17
동자승의 손가락을 잘라 버린 구지俱胝선사

이렇게 깨달음을 얻은 구지선사는 중국 당대唐代 무주 금화산金華山에 머무르면서 선풍을 드날렸습니다. 천룡선사의 법을 받은 이후, 구지선사는 법을 묻는 이들에게 한결같이 손가락 하나만 세워 보일 뿐이었어요. 어느 날 먼 곳에서 객승이 찾아와 법문을 듣고자 했어요. 마침 선사는 출타 중이었고, 시중드는 동자가 "우리 스님 법문이라면 그동안 많이 보고 들은 바가 있어서 알고 있으니 저에게 물으십시오!"라고 했습니다. 이에 객승이 정중히 물으니 동자는 선사가 하듯이 곧바로 손가락을 세워 보였어요. 그 객승은 의아하게 생각하면서 산을 내려가다가 선사를 만나게 되어, 절에서 벌어진 일을 말씀드렸지요. 선사는 동자에게도 그간의 이야기를 다 듣고는 "좀전의 그 법문을 나에게도 한번 해 다오." 하니, 동자는 다시 손가락 하나를 세워 보였지요. 순간 구지선사는 동자의 손가락을 거머쥐고 준비했던 칼로 잘라 버렸어요.

울며 달아나는 동자를 다시 큰 소리로 부르며 "어떤 것이 불법의 참다운 뜻이냐?" 하니, 동자는 자신도 모르게 다시 손가락을 들어 보였으나 이미 손가락은 없었지요. 그 순간 동자의 마음은 활연히 열렸어요.

구지선사는 임종 때에 이르기를, "내가 천룡선사의 일지두一指頭 선법을 받고 일생 동안 썼지만 아직 다하지 않았노라."라는 말씀을 남겼습니다.

⑪
무위복승분無爲福勝分
무위의 복이 뛰어나다

11-1

九. 원리수순외론산란주遠離隨順外論散亂住

이제오락수순외론산란장離第五樂隨順外論散亂障

"수보리여! 항하 모래 수만큼 항하가 있다면 그대 생각은 어떠한가? 이 모든 항하의 모래의 수는 진정 많다고 하겠는가?" 수보리가 대답하였습니다. "매우 많습니다, 세존이시여! 항하들만 해도 헤아릴 수 없이 많은데 하물며 그것의 모래이겠습니까?" "수보리여! 내가 지금 진실한 말로 그대에게 말한다. 선남자 선여인이 그 항하 모래 수만큼의 삼천대천세계에 칠보를 가득 채워 보시한다면 그 복덕이 많겠는가?" 수보리가 대답하였습니다. "매우 많습니다, 세존이시여!" 부처님께서 수보리에게 말씀하셨습니다. "선남자 선여인이 이 경의 사구게만이라도 받고 지니고 다른 사람을 위해 설해 준다면 이 복이 저 복보다 더 뛰어나다."

須菩提야 如恒河中所有沙數하야 如是沙等恒河가 於意
수보리　여항하중소유사수　　여시사등항하　어의

云何오 是諸恒河沙가 寧爲多不아 須菩提言하시되 甚多니다
운하　　시제항하사　영위다부　수보리언　　　심다

世尊하 但諸恒河도 尙多無數어든 何況其沙리잇가 須菩提
세존　단제항하　상다무수　　하황기사　　　수보리

야 我今實言으로 告汝호리니 若有善男子善女人이 以七寶로
아 금실언　　고여　　약유선남자선여인　이칠보

滿爾所恒河沙數三千大千世界하야 以用布施하면 得福多
만이소항하사수삼천대천세계　　이용보시　　득복다

不아 須菩提言하사대 甚多니다 世尊하 佛告須菩提하사대 若善
부　수보리언　　심다　세존하　불고수보리　　약선

男子善女人이 於此經中에 乃至受持四句偈等하야 爲他
남자선여인　어차경중　내지수지사구게등　　위타

人說하면 而此福德이 勝前福德하리라
인설　　이차복덕　승전복덕

강설

　다음으로 ⑤ 항하사등칠보恒河沙等七寶 보시의 비유를 말합니다. 앞의 ④ 칠보보시의 비유를 다시 한번 강조한 것으로 볼 수도 있습니다.

• 야보선사 :

　"앞도 삼삼이요, 뒤도 삼삼이다."

　"일, 이, 삼, 사로부터 모래알을 셈이여! 모래 같은 항하강의 수가 더욱 많구나. 셈을 다하여 눈앞에 한 법도 없어야 비로소 능히 적정처에서 모두 성취하리라."[69]

　인도인들의 사유는 이런 엄청난 비유 쓰기를 좋아합니다. 항하강의 모래만 한 삼천대천세계가 있고, 그 삼천세계에 있는 항하강의 모래만 한 보배로 보시하였다면 그 복덕은 가히 엄청나다 할 것입니다.[70] 그런데 이런 엄청난 말을 하더라도 결국은 유위일 뿐이라는 말을 합니다. 일종의 거열현승擧劣顯勝이라 할까요. 다시 말하면, 달리기 대회를 했다고 합시다. 1등으로 골인한 선수와 2등을 한 선수가 있을 때, 옆에서 구경하던 사람이 2등에게 "당신은 정말 눈썹이 휘날릴 정도로 빨랐습니다. 정말 번개처럼 빨랐어요."라고 한다면 2등을 한 선수는 잠시 기분이 좋았다가, '그래도 어차피 나는 2등일 뿐인데….' 하면서 1등을 쳐다볼 것입니다.

　• 야보선사 :
　"진짜 놋쇠라 하더라도 금과는 바꾸지 않는다."

---

69 "前三三後三三이로다" "一二三四數河沙여 沙等恒河數更多로다 算盡目前無一法하야사 方能靜處薩婆訶하리라"
70 제9 원리수순외론산란주遠離隨順外論散亂住이니 곧 외도의 논서를 따르다가 마음이 산란해지는 허물을 여의는 지위입니다. 제11 무위복승분無爲福勝分 첫머리 "항하의 모래처럼"에서 시작하여 제12 존중정교분尊重正教分과 제13 여법수지분如法受持分 첫머리의 "곧 반야바라밀이 아니다."까지입니다. 항하의 모래같이 많은 보시를 한 것이 경전의 사구게 하나 지니는 것만 못하거늘, 어느 겨를에 외도의 논서를 읽어 마음을 산란하게 하겠느냐는 것이니, 제5 무진공덕장회향無盡功德藏廻向에 해당합니다.

"바다에 들어가 모래를 셈은 한갓 힘만 허비한다네. 구구히 홍진세상에서 허덕임을 면치 못하니 어찌 내 집의 진귀한 보배를 꺼내어서 고목枯木에 꽃 피우는 특별한 봄만 같으랴!"[71]

아무리 유위의 복이 뛰어나다고 하더라도 유위는 허망한 것이고 무위는 알찬 것입니다. 그래서 야운野雲 비구[72]는 「자경문自警文」에서 "3일 동안 닦은 마음은 천 년의 보배가 되고, 백 년 동안 쌓은 재물은 하루아침의 티끌일 뿐이네[三日修心千載寶 百年貪物一朝塵]."라고 한 것입니다.

'무위법'은 곧 깨달음의 법이니 출세간법이라고도 합니다. 무위법으로 깨달은 선지식 방龐거사의 오도송을 살펴봅시다.

선화 이야기 18

모두 제가끔 무위를 배우나니 부처를 뽑는 과거장이라

방龐거사[73]는 석두石頭화상 밑에서 머물다가 마조馬祖대사를 찾

---

71 "眞鍮라도 不換金이로다" "入海算沙徒費力이라 區區未免走紅塵이니 爭如運出家珍寶하야 枯木生花別是春가"

72 야운野雲 비구는 고려 말기 나옹 혜근(懶翁 慧勤, 1320~1376)화상의 제자이며 휘는 각우覺牛라고 전한다.

73 방온(龐蘊, ~808?) : 당대唐代 거사. 마조의 제자. 자는 도현道玄. '방거사'라 호칭한다. 형양衡陽(호남성) 사람. 대대로 유업儒業을 해 오다가 세속을 싫어하여 양양襄陽(호북성)으로 이주하여 죽롱竹籠을 팔아 생계를 꾸린다. 정원貞元 초

아가 질문을 던집니다.

"만법萬法과 짝하지 않는 것은 어떤 사람이겠습니까?"

"그대가 서강西江의 물을 몽땅 들이마시기를 기다렸다가 그때 가서 일러 주리라."

거사는 이 말에 깨달은 바가 있어 2년 동안 정진했습니다.

그 이전에 석두화상에게도 "만법萬法과 짝하지 않는 것은 어떤 사람이겠습니까?" 하고 물었더니, 석두화상은 손을 들어 방거사의 입을 틀어막았는데, 마조대사의 이 말은 무엇을 뜻할까요? 한입에 강물을 다 마신다는 것은 애당초 불가능한 일이니 이는 분별 이전의 도道가 있음을 나타낸 대응이어서, 석두화상이 입을 틀어막은 것과 일치함이 분명합니다. 이에 방거사는 드디어 깨달았고 그때에 지어 바친 게송이 있습니다.

시방동취회十方同聚會　개개학무위箇箇學無爲
차시선불장此是選佛場　심공급제귀心空及第歸

시방에서 납자들이 모여들어
모두 제가끔 무위無爲를 배우나니

에 석두 희천(石頭 希遷)을 참예하여 여래선如來禪을 깨닫고, 후에 마조를 참예하고 조사선祖師禪을 깨닫는다. 그 뒤 당시의 단하 천연(丹霞 天然), 대매大梅, 약산藥山, 앙산仰山 등과 문답을 주고받았다. 그는 일생을 거사로 지냈지만 독자적인 오경悟境을 이룩하여 진단震丹의 유마거사維摩居士라 불린다.

여기는 부처를 뽑는 과거장이라
마음 비워 급제해서 돌아가노라.

방거사가 죽으려 할 때 딸 영조에게 부탁했어요.
"해그늘을 보아서 오시午時가 되거든 말하라."
"지금이 오시가 되긴 했지만 일식日蝕을 합니다."
거사가 평상에서 내려 문밖으로 나가서 살펴보는 동안에, 영조가 거사의 평상에 올라가서 죽어 버렸어요. 이를 보고 웃으면서 "내 딸이 솜씨가 빠르구나!" 하고는 7일 후에 방거사도 죽었습니다. 거사의 아내도 도인이었으니, 그리고 보면 온 식구가 단란하게 모여서 서로 무생無生의 이야기를 주고받으며 살았다는 전설 같은 이야기가 전해 옵니다. 그러니 세속에 살기 때문에 참선공부 못한다는 건 모두 핑계일 뿐입니다.

⑫
존중정교분尊重正教分
올바른 가르침은 존중되어야 한다

12-1

"또한 수보리여! 이 경의 사구게만이라도 설해지는 곳곳마다 어디든지 모든 세상의 천신·인간·아수라가 마땅히 공양할 부처님의 탑묘임을 알아야 한다. 하물며 이 경 전체를 받고 지니고 읽고 외우는 사람이랴!

復次須菩提야 隨說是經호대 乃至四句偈等하면 當知此處
부 차 수 보 리   수 설 시 경   내 지 사 구 게 등   당 지 차 처
는 一切世間天人阿修羅가 皆應供養을 如佛塔廟어든 何況
  일 체 세 간 천 인 아 수 라   개 응 공 양   여 불 탑 묘   하 황
有人이 盡能受持讀誦가
유 인   진 능 수 지 독 송

12-2

수보리여! 이 사람은 가장 높고 가장 경이로운 법을 성취할 것임을 알아야 한다. 이와 같이 경전이 있는 곳은 부처님과 존경받는 제자들이 계시는 곳이다."

須菩提_야 當知是人_은 成就最上第一希有之法_{이니} 若是
수 보 리 당 지 시 인 성 취 최 상 제 일 희 유 지 법   약 시

經典所在之處_는 則爲有佛_과 若尊重弟子_{니라}
경 전 소 재 지 처 즉 위 유 불   약 존 중 제 자

강설

'하늘무리가 공양한다.' 함은 도리천왕忉利天王인 제석帝釋은 항상
『반야경』을 좋아하여 천중天衆들을 궁궐인 선법당善法堂에 모아 놓
고 이 경을 강설해 주곤 했는데, 간혹 어디 출타 중일 때는 하늘
무리들이 왔다가 빈 자리에 놓인 경전에 대해 절만 하고는 물러
간다고 합니다.

아수라阿修羅는 비천非天, 무단無端이라 번역하는데 용모가 단정치
않고 싸움을 좋아합니다. 천중들과 잘 싸우지만 『반야경』만은 항
상 듣기를 좋아하고 공경하는 것은 하늘무리와 마찬가지입니다.

• 야보선사 :

"합당함이 이와 같도다."

"바다같이 깊고 산같이 견고하구나! 좌우로 돌고 가지도 머물
지도 않는구나. 굴에서 나온 금빛 사자새끼가 온전한 위세로 포
효하니 여우들이 의심하도다. 깊이 생각하여 무기를 쓰지 않는
곳에 바로 천마외도를 포섭하여 돌아가도다."[74]

---

[74] "合如是로다" "似海之深이요 如山之固로다 左旋右轉에 不去不住로다 出窟金毛
師子兒가 全威哮吼衆狐疑로다 深思不動干戈處에 直攝天魔外道歸로다"

금강산 보덕굴과 세 분 성자의 성불 이야기

보덕普德은 가난한 집의 딸이었습니다. 그녀는 어렸을 때부터 아버지와 함께 걸식을 하면서 떠돌아다니다가 금강산으로 들어와 절벽에 있는 굴에 거처를 정하고 살고 있었어요. 이들은 가난한 살림 속에서도 불법을 매우 숭상하였는데, 하루는 보덕이 성글게 짠 베로 주머니를 만들더니 아버지에게 주면서 그것을 폭포 옆에 걸어두고 물을 퍼서 가득 채우라는 것이었어요. 아버지가 의아하게 생각하자 보덕은 다만 "물이 가득 차면 도리를 알게 될 것입니다." 하고 말할 뿐이었어요.

이때 금강산에서 수도하던 한 스님이 보덕의 아름다운 모습에 반해서 사모하는 마음을 가지고 있었어요. 그러던 어느 날 스님은 보덕에게 자신의 연정戀情을 고백하고 맙니다. 보덕은 자신이 모셔 둔 부처님 그림을 가리키면서 스님을 준열히 꾸짖었어요. "그림으로 그린 부처님은 공경히 모시면서, 하물며 살아 있는 부처에게 어찌 그런 생각을 품을 수 있겠습니까?"

말이 끝나자마자 보덕은 금빛 찬란한 관세음보살로 변하는 것이었어요. 스님은 진심으로 빌면서 불도에 매진하겠노라고 맹세하였어요.

보덕은 다시 아버지에게 "삼베 주머니에 물을 채웠느냐?"라고 물었어요. 아버지는 "성근 삼베 주머니에 어찌 물을 채울 수 있겠느냐."라며 시큰둥하게 대답하였습니다. 그러자 딸은 "무엇이든 한 가지로 마음을 먹으면 도가 이루어지는 법입니다. 아버지는 지금까지 삼베 주머니에는 물을 채울 수 없다는 마음으로 부었으니, 어찌 거기에 물을 채울 수 있었겠습니까?" 하였어요. 이에 아버지는 온 마음을 다해 물을 부었더니 드디어 삼베 주머니에 물이 가득 차는 것이었어요.

이 이야기를 들은 사람들은 후일 그 굴에 세 사람의 조각상을 만들어 모셔 두었으며, 그 굴을 '보덕굴'이라고 불렀습니다. 지금도 그 자리에는 세 분 성자聖者의 상을 음각으로 새겨 둔 벽화가 있다는 말씀을 전강, 효봉, 경봉스님 등 근대 선지식들이 증언하신 바가 있습니다.

부처님께서 수보리에게 말씀하셨습니다.
"선남자 선여인이 이 경의 사구게만이라도 받고 지니고
다른 사람을 위해 설해 준다면
이 복이 저 복보다 더 뛰어나다."

金剛般若波羅蜜經

⑬
여법수지분如法受持分
여법하게 받아 지니다

13-1

그때 수보리가 부처님께 여쭈었습니다. "세존이시여! 이 경의 이름을 무엇이라 불러야 하며 저희들이 어떻게 받들어 지녀야 합니까?" 부처님께서 수보리에게 말씀하셨습니다. "이경의 이름은 '금강반야바라밀'이니, 이 제목으로 너희들은 받들어 지녀야 한다.

爾時에 須菩提가 白佛言하시되 世尊하 當何名此經이며 我等
이 시   수 보 리   백 불 언   세 존   당 하 명 차 경   아 등

이 云何奉持하리잇고 佛이 告須菩提하시되 是經은 名爲金剛
　　운 하 봉 지   불   고 수 보 리   시 경   명 위 금 강

般若波羅蜜이니 以是名字로 汝當奉持하라
반 야 바 라 밀   이 시 명 자   여 당 봉 지

13-2

그것은 수보리여! 여래는 반야바라밀을 반야바라밀이 아니라 설하였으므로 반야바라밀이라 말한 까닭이다. 수보리여! 그대 생각은 어떠한가? 여래가 설한 법이 있는가?" 수보리가

부처님께 말씀드렸습니다. "세존이시여! 여래께서는 설하신 법이 없습니다."

所以者何오 須菩提야 佛說般若波羅蜜이 則非般若波羅
소 이 자 하   수 보 리   불 설 반 야 바 라 밀   즉 비 반 야 바 라

蜜이요 是名般若波羅蜜이니라 須菩提야 於意云何오 如來가
밀   시 명 반 야 바 라 밀   수 보 리   어 의 운 하   여 래

有所說法不아 須菩提가 白佛言하시되 世尊하 如來無所說
유 소 설 법 부   수 보 리   백 불 언   세 존   여 래 무 소 설
이니이다

강설

• 야보선사 :

첫 부분인 『금강경』의 이름을 말씀하신 부분에 대해,

"오늘에 조금 내놓고 크게 얻었도다."

"불이 태우지 못하고 물이 빠뜨리지 못하며 바람도 날리지 못하고 칼도 자르지 못하는구나! 부드럽기는 도라솜과 같고 단단하기는 철벽과 같도다. 천상과 인간이 예나 지금이나 알지 못하도다. 억!"[75]

"수보리여! 그대 생각은 어떠한가? 여래가 설한 법이 있는

---

[75] "今日에 小出大遇로다" "火不能燒요 水不能溺이며 風不能飄요 刀不能劈이라 軟似兜羅하고 硬如鐵壁하니 天上人間에 古今不識이로다 咦"

가?" 수보리가 부처님께 말씀드렸습니다. "세존이시여! 여래
께서는 설하신 법이 없습니다."

수보리가 참으로 엄청난 말씀을 하고 있습니다. 평생을 중생제
도를 위해 노심초사하시고 고구정녕하신 부처님께서는 일생 중
에 45년을 설법하신 어른이십니다. 수많은 경전을 남기신 분께
서 "나는 말한 적이 없느니라[如來無所說]."라고 하시니 무슨 까닭
입니까? 말씀하시긴 했지만 말씀한 모양에 걸리지 않는다는 뜻
일 것입니다. 그래서 불국사佛國寺 대웅전大雄殿 뒤편의 전각 이름
이 '무설전無說殿'인 것일까요. 설이무설說而無說이요, 무설이설無說而
說이므로 말한 바가 없는 것입니다.

"왜냐하면 수보리여! 여래는 반야바라밀이 반야바라밀이 아
니라 그 이름이 반야바라밀이라 말한 까닭이니라."

(옛날식 표현)

• 야보선사 :
위의 구절에 대해,
"이제야 조금 비슷하구나!"
"한 손으로 들고 한 손으로 잡으며 왼쪽으로 불고 오른쪽으로
치도다. 줄 없이도 무생의 가락을 퉁겨 내어야 궁상宮商에 속하지
않고도 율조律調가 새롭나니, 아는 놈이 알고 난 후면 한갓 이름

만 멀어졌구나!"**76**

   금강이니 반야바라밀이니 하는 것이 무엇입니까? 진리를 벗하며 사는 사람을 세상에서는 미친 이라 할 것입니다. 아는 사람들만이 알 뿐입니다. 하지만 이름에 떨어지지 않고 진리를 있는 그대로 말할 수 있을 때 비로소 이제야 조금 비슷해진다는 뜻입니다. 그리고는 다시 감춥니다.

• **야보선사 :**
"조용히 해라. 조용히 해라."
"풀숲에 들어가서 사람을 구하려 해도 어쩌지 못하여 날카로운 칼로 베고 나서 손으로 어루만지도다. 비록 그렇게 그 출입에 흔적도 없지만 무늬가 온전히 드러남을 보았는가?"**77**

13-3
十. 색급중생신박취중관파상응행주色及衆生身搏取中觀破相應行住
    이제육파영상중무교편장離第六破影像中無巧便障

"수보리여! 그대 생각은 어떠한가? 삼천대천세계를 이루고 있는 티끌이 많다고 하겠는가?" 수보리가 대답하였습니다.

---

76 "猶較些子로다" "一手擡一手搦하고 左邊吹右邊拍이로다 無絃彈出無生樂하야사 不屬宮商律調新이니 知音知後에 徒名邈이로다"
77 "低聲低聲하라" "入草求人不奈何하야 利刀研了手摩挲로다 雖然出入無蹤迹이나 紋彩全彰을 見也麼아"

"매우 많습니다, 세존이시여!" "수보리여! 여래는 티끌들을 티끌이 아니라고 설하였으므로 티끌이라 말한다. 여래는 세계를 세계가 아니라고 설하였으므로 세계라고 말한다.[78]

須菩提야 於意云何오 三千大千世界所有微塵이 是爲多
수보리   어의운하   삼천대천세계소유미진   시위다

不아 須菩提言하시되 甚多니다 世尊하 須菩提야 諸微塵을 如
부   수보리언   심다   세존   수보리   제미진   여

來가 說非微塵일새 是名微塵이며 如來가 說世界非世界일새
래   설비미진   시명미진   여래   설세계비세계

是名世界니라
시명세계

강설

그리고 여섯째 ⑥ 미진微塵의 비유가 나옵니다. 저 앞에서는 수미산의 비유, 신상의 비유가 나왔으니, 그 반대로 작은 티끌의 비유로 말한 것입니다.

여기서 부처님이 사용한 비유를 한번 생각해 봅시다. 보시한 복덕은 잘못하면 번뇌를 일으키는 씨앗이 되지만, 경전을 수지

---

78 제10 색급중생박취중관파상응행주色及衆生搏取中觀破相應行住이니 곧 물질과 중생들의 몸을 끝까지 관찰해서 진리와 부합되는 지위입니다. 제13 여법수지분 중간에 "삼천대천세계에 있는 먼지가 많지 않겠느냐." 하신 대목에서 세말방편細末方便과 불념방편不念方便으로 거친 것을 미세하게, 미세한 것을 공空하게 관찰해 들어감으로써 3공空의 진리에 부합되는 내용이니, 제6 입일체평등선근회향入一切平等善根廻向에 해당합니다.

한 무위의 공덕은 번뇌를 일으키는 씨앗이 되지 않을 것입니다. 단순한 무정물로 있는 티끌도 번뇌를 일으키지 않으면 미진에 불과하지만 '내 것이다. 네 것이다.' 하고 따진다면 번뇌의 씨앗일 것이요, 세상의 모든 것도 아상我相을 가진 이가 가지고 있다면 잘못하면 (어느 재벌 회장처럼) 갑작스레 투신자살할 원인이 될 수도 있을 것입니다. 그래서 천석군은 천 가지 걱정, 만석군은 만 가지 걱정이 있다고 옛 어른들이 말한 것이 아닐까요?

• 야보선사 :
"남섬부주요, 북울단월이로다."
"머리는 하늘을 가리키고 다리는 땅을 밟으며 주리면 먹고 곤하면 잠을 잔다. 이곳이 서천이요, 서천이 곧 여기로다. 곳곳의 설날이면 똑같은 새해이니 남북동서에 다만 이것뿐이다."[79]

요즘 같은 장마철에 머리 깎고 출가하지 않았다면 별의별 걱정을 다하고 살아야 할 터이고, 심하게는 밤에 잠도 설쳐야 할 텐데, 출가한 덕분으로 신발만 방 안에 들여다 놓으면 편안히 안심할 수 있다는 말이 있습니다. 그래서 『사미율의沙彌律儀』[80]에도 일상에서 매일 아침으로 깎은 머리를 쓰다듬으며 확인하라는 말

---

79 "南贍部洲요 北鬱單越이로다" "頭指天脚踏地하고 饑則飡困則睡라 此土西天이요 西天此土로다 到處元正이 便是年이니 南北東西秪者是로다"

80 중국의 운서사雲棲寺 주굉(袾宏, 1533~1615)스님의 저술로 사미십계沙彌十戒를 비롯한 계율문戒律門과 위의문威儀門으로 나누어 출가사미가 지킬 승려로서의 위의를 종합적으로 정리한 책.

이 있습니다.

13-4

十一. 공양급시여래주供養給侍如來住

　　離第七福資粮不具障
이제칠복자량불구장

수보리여! 그대 생각은 어떠한가? 서른두 가지 신체적 특징을 가지고 여래라고 볼 수 있는가?" "없습니다, 세존이시여! 서른두 가지 신체적 특징을 가지고 여래라고 볼 수는 없습니다. 왜냐하면 여래께서는 서른두 가지 신체적 특징은 신체적 특징이 아니라고 설하셨으므로 서른두 가지 신체적 특징이라고 말씀하셨기 때문입니다."

須菩提야 於意云何오 可以三十二相으로 見如來不아 不也
수 보 리　어 의 운 하　가 이 삼 십 이 상　　견 여 래 부　불 야

니다 世尊하 不可以三十二相으로 得見如來니 何以故오 如
　　세 존　불 가 이 삼 십 이 상　　득 견 여 래　하 이 고　여

來가 說三十二相이 卽是非相일새 是名三十二相이니이다
래　설 삼 십 이 상　즉 시 비 상　　시 명 삼 십 이 상

13-5

十二. 원리이양급피핍열뇌고불기정진급퇴실주遠離利養及疲乏熱惱故
　　　　不起精進及退失住 / 이제팔락미해태이양장離第八樂味懈怠利養障

"수보리여! 어떤 선남자 선여인이 항하의 모래 수만큼 목숨

을 보시한다고 하자. 또 어떤 사람이 이 경의 사구게만이라도 받고 지니고 다른 사람을 위해 설해 준다고 하자. 그러면 이 복이 저 복보다 더욱 많으리라."

須菩提야 若有善男子善女人이 以恒河沙等身命으로 布
수보리   약유선남자선여인   이항하사등신명   보

施어든 若復有人이 於此經中에 乃至受持四句偈等하야 爲
시   약부유인   어차경중   내지수지사구게등   위

他人說하면 其福甚多니라
타인설   기복심다

강설

이어서 ⑦ 서른두 가지 대인상大人相의 비유를 보십시다. 여기서 '대인상'은 '신체적 특징'이라 하였습니다.

'서른두 가지 대인상'[81]이란 부처님이 갖추신 훌륭한 상호로서 수행이 원만해진 결과이니, 공덕의 몸을 성취하면 갖추게 되는 상호입니다. 그런데 여기서 중요한 것은 32상은 인도인의 전통적인 발상으로 전륜성왕轉輪聖王도 이런 훌륭한 상호를 갖춘다는 것입니다. 그러니 결론적으로 서른두 가지 대인상만으로는 부처님이라 단정할 수 없을 것입니다. 또 다른 뜻으로는 얼굴만 멀

---

81 제11 공양급시여래주供養給侍如來住이니 곧 여래께 구족하게 공양하고 급시하는 지위입니다. 여법수지분 중간에 "32상相으로 여래를 볼 수 있겠느냐." 하신 대목부터인데, 형상을 따르지 않고 항상 법신을 뵙는 것이 여래께 급시하는 일이며 복이 끝없는 것이니 제7 등수순일체중생회향等隨順一切衆生廻向에 해당합니다.

쩡하다고 도인은 아니라는 이야기가 아닐까요. 더욱이 요즘같이 성형미인成形美人이 판을 치는 세월은 말할 필요도 없겠지요.

• 야보선사 :

"할머니 옷을 빌려 입고서 할머니에게 절하는 격이구나."

"네가 있으니 나 또한 있고 그대가 없으면 나도 또한 없는 것, 유有와 무無를 함께 세우지 않으니 서로 대하여 입만 침묵하도다."[82]

이제부터는 앞에서 한 말씀을 반복해서 강조하는 부분도 상당히 자주 등장합니다.

"수보리여! 어떤 선남자 선여인이 항하의 모래 수만큼 목숨을 보시한다고 하자. 또 어떤 사람이 이 경의 사구게만이라도 받고 지니고 다른 사람을 위해 설해 준다고 하자. 그러면 이 복이 저 복보다 더욱 많으리라."[83]

---

[82] "借婆衫子拜婆年이로다" "你有我亦有요 君無我亦無라 有無俱不立하니 相對觜盧都로다"

[83] 제12 이양이 풍족하거나 궁핍해서 번뇌가 생길 때 정진에 힘쓰지 않거나 물러나는 허물을 멀리 여의는 지위입니다. 여법수지분 중간에 "항하의 모래만큼 많은 몸으로 보시하더라도 사구게를 수지한 공덕이 더 수승하다." 한 대목에서 제14 이상적멸분離相寂滅分 중 "이를 제일바라밀이라 한다."까지로 항하사 같은 몸으로 보시하여도 한 구절 받아 지닌 것만 못하거늘 하물며 이 한 몸을 위하여 이양을 탐내다가 정진을 게을리하겠느냐는 뜻이니, 제8 입진여상회향入眞如相廻向에 해당합니다.

• 야보선사 :

"두 가지 색이 한 주사위로다."

"손에 쥔 활추滑槌를 칼과 바꾸지 않으니 잘 쓰는 사람은 모두 다 편리하도다. 안배를 쓰지 않아도 본래 다 이루었으니 그중에 모름지기 이 영령한 사람이라, 나라리 니라라로다. 산꽃은 웃고 들새는 노래하도다. 이때에 만일 뜻을 얻으면 어느 곳에서든지 다 이루리라."[84]

우리네 속담에 "그물이 삼 천 코라도 벼리가 으뜸"이요, "그물이 천 코면 걸릴 날이 있다."라는 말이 있지요. 전자는 '수효가 아무리 많더라도 그것을 주장하는 것이 없으면 소용이 없다.'는 말이요, 후자는 '준비를 충분히 갖추고 기다리면 언젠가는 목적한 일이 이루어질 때가 있다.'는 뜻입니다.

그렇습니다. 불교의 팔만장경을 다 외우더라도 마음으로 반조하여 자기 것으로 만들지 못하면 무슨 소용이겠습니까! 예전에 경봉鏡峰선사는 법문을 통해 "사과나 배를 한 개 다 먹어야 그 맛을 아는 것이 아니요, 콩알만큼만 먹어도 그 맛을 알 수 있듯이, 법문을 많이 들어야 이익이 되는 것이 아니라 한마디를 잘 들어 알면 된다. 그물이 천 코 만 코가 있더라도 고기가 걸리는 것은 한 코에 걸리며, 경론經論이 많이 있지만 깊이 깨달을 수 있는 곳

---

84 "兩彩一賽로다" "伏手滑槌로 不換劍하니 善使之人은 皆總便이라 不用安排本現成하니 箇中에 須是英靈漢이라 囉囉哩哩囉囉여 山花笑野鳥歌로다 此時에 如得意하면 隨處薩婆訶하리라"

은 한 구절이다. 참선을 잘하면 깨닫는다고 하니 공부는 하지 않고 깨닫기만을 기다리며 알려고 하는 그것이 망상이다. 모름지기 생명을 걸어 놓고 열심히 하다 보면 경전을 읽든 참선을 하든 어느 한 구절에서 출신활로出身活路를 찾을 수 있을 것이다."라고 하셨습니다.

그러니 『금강경』 사구게를 수지한 공덕도 그처럼 깊이 있게 체험하고 수행한다면 깨달음은 의외로 가까운 데 있음을 알게 될 것입니다. 앞의 두 번째 사구게에서 말했듯이 육조스님도 그런 경우고, 원효대사와 경봉선사, 역대 선지식도 또한 그러했던 것입니다.

⑭
이상적멸분離相寂滅分
모양을 떠난 적멸에 대해

14-1

그때 수보리가 이 경 설하심을 듣고 뜻을 깊이 이해하여 감격의 눈물을 흘리며 부처님께 말씀드렸습니다. "경이롭습니다, 세존이시여! 제가 지금까지 얻은 혜안으로는 부처님께서 이같이 깊이 있는 경전 설하심을 들은 적이 없습니다. 세존이시여! 만일 어떤 사람이 이 경을 듣고 믿음이 청정해지면 바로 궁극적 지혜가 일어날 것이니, 이 사람은 가장 경이로운 공덕을 성취할 것임을 알아야 합니다. 세존이시여! 이 궁극적 지혜라는 것은 궁극적 지혜가 아닌 까닭에 여래께서는 궁극적 지혜라고 말씀하셨습니다.

爾時에 須菩提가 聞說是經하사옵고 深解義趣하사 涕淚悲泣
이시　수보리　문설시경　　　　심해의취　　체루비읍

하사 而白佛言하시되 希有世尊하 佛說如是甚深經典은 我
이백불언　　희유세존　불설여시심심경전　아

從昔來所得慧眼으로 未曾得聞如是之經호이다 世尊하 若
종석래소득혜안　미증득문여시지경　　세존　약

復有人이 得聞是經하고 信心淸淨하면 則生實相하리니 當知
부유인　득문시경　신심청정　즉생실상　당지

是人은 成就第一希有功德이니이다 世尊하 是實相者는 則
시인 성취제일희유공덕   세존 시실상자   즉

是非相일새 是故로 如來가 說名實相이니이다
시비상   시고   여래 설명실상

14-2

　세존이시여! 제가 지금 이 같은 경전을 듣고서 믿고 이해하
고 받고 지니기는 어렵지 않습니다. 그러나 미래 오백 년 뒤에
도 어떤 중생이 이 경전을 듣고 믿고 이해하고 받고 지닌다면
이 사람은 가장 경이로울 것입니다. 왜냐하면 이 사람은 자아
가 있다는 관념, 개아가 있다는 관념, 중생이 있다는 관념, 영
혼이 있다는 관념이 없기 때문입니다. 그것은 자아가 있다는
관념은 관념이 아니며, 개아가 있다는 관념, 중생이 있다는 관
념, 영혼이 있다는 관념은 관념이 아닌 까닭입니다. 왜냐하면
모든 관념을 떠난 이를 부처님이라 말하기 때문입니다."

世尊하 我今得聞如是經典하고 信解受持는 不足爲難이어니
세존 아금득문여시경전   신해수지 부족위난

와 若當來世後五百歲에 其有衆生이 得聞是經하고 信解
약당래세후오백세   기유중생이 득문시경   신해

受持하면 是人은 則爲第一希有니이다 何以故오 此人은 無我
수지   시인   즉위제일희유   하이고   차인   무아

相人相衆生相壽者相이니 所以者何오 我相이 即是非相이며
상인상중생상수자상   소이자하   아상이 즉시비상

人相衆生相壽者相이 即是非相이라 何以故오 離一切諸
인상중생상수자상이 즉시비상   하이고   이일체제

相을 則名諸佛이니이다
상 즉 명 제 불

여기서는 '모양에 현혹되지 않는 고요함'에 대해 설명합니다. 여기서 수보리존자가 두 번째로 희유하다는 말을 합니다. 경전에서 제자가 눈물을 흘리는 경우가 자주 있는 일은 아니지만 첫째, 경전의 뜻을 잘 이해하고는 기쁨의 눈물을 흘리거나, 둘째, 깨달음을 성취한 뒤에 일어나는 일이기도 합니다. 또 셋째, 『능엄경』에서처럼 자신의 잘못을 알고 부끄러운 마음으로 우는 경우도 간혹 있습니다. 여기서는 첫째 경우입니다.

그때 수보리가 이 경 설하심을 듣고 뜻을 깊이 이해하여 감격의 눈물을 흘리며 부처님께 말씀드렸습니다. "경이롭습니다, 세존이시여! 제가 지금까지 얻은 혜안으로는 부처님께서 이같이 깊이 있는 경전 설하심을 들은 적이 없습니다."

• 야보선사 :

"좋게 웃어야 하거늘 얼굴을 마주하여 숨겼도다."

"젊어서부터 돌아다녀 먼 길에 익숙하니 몇 번이나 형악산을 돌고 소상강을 건넜던가? 이제야 어느 날 아침에 고향길을 밟으니 비로소 도중에 세월이 간 것을 깨달았도다.”**85**

‘실상’은 곧 진실함이니, 진실만이 시간과 공간을 초월해 모든 장애를 극복하고 도에 이를 수 있는 원동력이 됩니다. 몇 해 전 70대 노인이 40여 년 전 친구로부터 빌린 돈 20여 만 원의 빚을 갚기 위해 지금까지 전국을 샅샅이 뒤져서, 결국 그 친구의 아들에게 빚을 갚고서 “이제야 다리 뻗고 편안히 잘 수 있다.”라고 하더랍니다. 하지만 요즘은 그렇지 않은 사람들이 너무 많다 보니 이런 당연한 일이 뉴스거리가 되는 세월입니다.

• **야보선사 :**

“산하대지를 어느 곳에서 얻을 수 있겠나?”

“멀리 바라보니 산은 색이 있고, 가까이 들으니 물은 소리가 없도다. 봄은 갔건만 꽃은 아직 남아 있고 사람이 와도 새는 놀라지 않도다. 보이는 것마다 다 드러내니 사물과 사물마다 체성이 원래 평등하도다. 어떻게 모른다고 말하겠는가. 이렇게도 분명한 것을!”**86**

---

85 “好笑어늘 當面諱了로다” “自少來來慣遠方하니 幾迴衡岳渡瀟湘고 一朝에 踏著家鄕路하니 始覺途中日月長이로다”

86 “山河大地를 甚處에 得來오” “遠觀山有色이요 近聽水無聲이라 春去花猶在요 人來鳥不驚이로다 頭頭皆顯露하니 物物이 體元平이라 如何言不會오 秖爲太分明일새니라”

아상이 있는 자가 어찌 나를 만나겠는가

그러면 어떤 것이 진실한 모습일까요? 신라대 자장慈藏스님[87]은 통도사를 창건하고 전국에 5대 보궁을 비롯한 많은 사찰을 지은 고승입니다. 주로 문수기도文殊祈禱를 즐겨 하셨는데, 처음 중국 오대산에서 문수석상에 기도를 드렸습니다. 그래서 기도영험으로 부처님 가사와 경전, 정골사리 등을 모시고 귀국한 적이 있습니다. 그런데 만년晚年에 석남원石南院(지금의 정암사 보궁)에 계시면서, 다시 문수보살을 친견하려고 발원하여 기도를 드렸어요.

그때 남루한 행색의 노인이 와서 "자장을 만나러 왔으니 들어가 아뢰어라."라고 하였습니다. 시자侍者가 무례하다 싶어 자장스님께 "어떻게 할까요?" 하니, "아마 미친 사람인 게지! 쫓아 버려라."라고 하였어요. 시자가 나와서 그대로 전하니, 실망한 노인은 시자를 뚫어지게 보더니, "오라고 할 때는 언제인고? 아상이 있는 자가 어찌 나를 만나겠는가!" 하고는 망태기에서 썩은 개를 허공에 던졌는데, 개는 이내 사자獅子로 변하더니 노인은 금빛 찬란한 문수보살이 되어 사자를 타고 허공으로 사라졌습니다.

---

87 자장(慈藏, 590~658) : 생몰년 미상. 신라 스님. 대국통大國統. 남산율종의 개조. 이름은 김선종(金善宗, 소판 金茂林의 子). 진골 출신. 무림이 늦도록 자식이 없자 관음상 앞에서 축원하여 초파일에 태어났다. 일찍이 부모를 여의자 처자妻子를 두고 원영사元寧寺를 짓고 고골관枯骨觀을 닦던 중 왕이 불렀으나 응하지 않았다. 선덕여왕 5년(636) 제자 실등實等 10여 명과 함께 입당入唐하여 종남산 운제사로 원향圓香을 만났다. 香의 조언으로 청량산 문수보살상文殊菩薩像에 기도하여 가사와 사리 1백 과顆를 받았다.

상에 집착한 나머지 고승도 나중에 잠시 눈이 어두워진 것입니다. (자장율사 전기)

🔹

"세존이시여! 제가 지금 이 같은 경전을 듣고서 믿고 이해하고 받고 지니기는 어렵지 않습니다."

이어지는 내용은 후오백 세의 이야기입니다. 앞의 제6 정신희유분正信希有分에서 한 번 다룬 적이 있는 내용입니다.

• 야보선사 :
"만일 뒷말을 하지 않았다면 앞의 말도 원만하기 어렵도다."
"어렵고 어렵고 또 어렵구나! 마치 평지에서 푸른 하늘에 오름과 같고, 쉽고 쉽고 또 쉬움이여! 옷 입은 채로 한숨 자고 깸과 같구나. 배가 가는 것은 삿대 잡은 이에게 있으니 누가 파도가 땅에서 일어난다 말하리오."[88]

"그러나 미래 오백 년 뒤에도 어떤 중생이 이 경전을 듣고 믿고 이해하고 받고 지닌다면 이 사람은 가장 경이로울 것입

---

[88] "若不得後語면 前話也難圓이로다" "難難難이여 如平地上靑天이요 易易易여 似和衣一覺睡로다 行船이 盡在把梢人하니 誰道波濤從地起오"

니다. 왜냐하면 이 사람은 자아가 있다는 관념, 개아가 있다는 관념, 중생이 있다는 관념, 영혼이 있다는 관념이 없기 때문입니다. 그것은 자아가 있다는 관념은 관념이 아니며, 개아가 있다는 관념, 중생이 있다는 관념, 영혼이 있다는 관념은 관념이 아닌 까닭입니다. 왜냐하면 모든 관념을 떠난 이를 부처님이라 말하기 때문입니다."

• 야보선사 :

"가고 머물고 앉고 누움과 옷 입고 밥 먹는 것이 다시 무슨 일이리오."

"얼음은 뜨겁지 않고 불은 차지 않으며 흙은 습하지 않고 물은 건조하지 않도다. 금강신은 다리로 땅을 밟고 깃대의 머리는 하늘로 향했도다. 만일 누구라도 이 도리를 믿으면 북두를 남쪽으로 향해 보리라."[89]

그런데 『금강경』에서는 위의 대화 중에서 가끔은 수보리와 부처님의 뜻이 서로 다른 부분이 있는가 하면, 지금처럼 서로 약속한 듯이 '그래, 네 말이 맞다.' 하는 부분도 자주 볼 수 있습니다. '그러하고 그러하니라[如是如是].' 하고 부처님께서 긍정하시는 모습을 보면 환희심이 절로 나지 않습니까?

---

89 "行住坐臥와 著衣喫飯이 更有甚麼事리오" "冰不熱火不寒이요 土不濕水不乾이라 金剛은 脚踏地하고 幡竿은 頭指天이라 若人이 信得及하면 北斗를 面南看하리라"

• 야보선사 :

"마음의 빚이 없으면 (얼굴에) 부끄러울 것이 없으리라!"

"묵은 대에서 새순이 나고 새 꽃은 옛 가지에서 자라도다. 비는 나그네 길을 재촉하고 바람은 조각배를 돌아가게 하도다. 대나무 빽빽해도 물 흘러감을 방해치 않고 산이 높다 한들 흰 구름 흘러감을 어찌 막으리오."[90]

14-3

부처님께서 수보리에게 말씀하셨습니다. "그렇다, 그렇다. 만일 어떤 사람이 이 경을 듣고 놀라지도 않고 무서워하지도 않고 두려워하지도 않는다면 이 사람은 매우 경이로운 줄 알아야 한다. 왜냐하면 수보리여! 여래는 최고의 바라밀을 최고의 바라밀이 아니라고 설하였으므로 최고의 바라밀이라 말하기 때문이다.[91]

---

[90] "心不負人이면 面無慚色이로다" "舊竹에 生新筍하고 新花가 長舊枝로다 雨催行客路요 風送片帆歸로다 竹密에 不妨流水過요 山高에 豈礙白雲飛리오"

[91] 제12 이양이 풍족하거나 궁핍해서 번뇌가 생길 때 정진에 힘쓰지 않거나 물러나는 허물을 멀리 여의는 지위입니다. 여법수지분 중간에 "항하의 모래만큼 많은 몸으로 보시하더라도 사구게를 수지한 공덕이 더 수승하다." 한 대목에서 제14 이상적멸분離相寂滅分 중 "이를 제일바라밀이라 한다."까지로 항하사 같은 몸으로 보시하여도 한 구절 받아 지닌 것만 못하거늘 하물며 이 한 몸을 위하여 이양을 탐내다가 정진을 게을리 하겠느냐는 뜻이니, 제8 입진여상회향入眞如相廻向에 해당합니다.

佛告須菩提하시되 如是如是하다 若復有人이 得聞是經하고
불고수보리   여시여시   약부유인   득문시경

不驚不怖不畏하면 當知是人은 甚爲希有니 何以故오 須菩
불경불포불외   당지시인   심위희유   하이고   수보

提야 如來가 說第一波羅蜜이 非第一波羅蜜일새 是名第一
리   여래   설제일바라밀이 비제일바라밀   시명제일

波羅蜜이니라
바 라 밀

강설

• 야보선사 :

"다만 자기 것이기 때문이다."

"한 터럭이 큰 바다를 다 삼키고 겨자 속에 수미산을 드리우도
다. 푸른 하늘에 한 달이 둥그니 맑은 빛이 육합六合에 빛나도다.
고향 땅을 밟아서 안온하니 다시 남북동서가 없도다."[92]

『금강경』에서 주장하는 제일바라밀은 지혜바라밀, 곧 반야바
라밀을 말합니다. 반야공의 지혜, 곧 삼관三觀의 관법으로 살펴보
는 중도의 지혜를 제일바라밀이라 하는 것이니, 곧 해탈열반의
바라밀인 것입니다. 그래서 "온갖 모양을 여읜 이를 부처라 한다
[이일체상離一切相이면 즉명제불卽名諸佛이라]."라고 한 것입니다.

---

92 "祇是自家底니라" "毛呑巨海水요 芥子에 納須彌로다 碧漢에 一輪滿하니 淸光이
六合輝로다 踏得故鄕田地穩하니 更無南北與東西로다"

(8) 이 경을 수지해도 괴로운 과보는 면치 못하는 것 아닌가 하는 의심
   (단지설미탈고과의斷持說未脫苦果疑)

14-4

十三. 인고주忍苦住 / 이제구불능인고장離第九不能忍苦障

수보리여! 인욕바라밀을 여래는 인욕바라밀이 아니라고 설하였다. 왜냐하면 수보리여! 내가 옛적에 가리왕에게 온몸을 마디마디 잘렸을 때, 나는 자아가 있다는 관념, 개아가 있다는 관념, 중생이 있다는 관념, 영혼이 있다는 관념이 없었기 때문이다. 왜냐하면 내가 옛날 마디마디 사지가 잘렸을 때, 자아가 있다는 관념, 개아가 있다는 관념, 중생이 있다는 관념, 영혼이 있다는 관념이 있었다면 성내고 원망하는 마음이 생겼을 것이기 때문이다. 수보리여! 여래는 과거 오백 생 동안 인욕수행자였는데 그때 자아가 있다는 관념이 없었고, 개아가 있다는 관념이 없었고, 중생이 있다는 관념이 없었고, 영혼이 있다는 관념이 없었다.

須菩提야 忍辱波羅蜜을 如來가 說非忍辱波羅蜜일새 何以
수보리　　인욕바라밀　　여래　　설비인욕바라밀　　하이

故오 須菩提야 如我昔爲歌利王에 割截身體하야 我於爾時
고　　수보리　　여아석위가리왕　　할절신체　　아어이시

에 無我相하며 無人相하며 無衆生相하며 無壽者相호라 何以
　무아상　　무인상　　무중생상　　무수자상　　하이

故오 我於往昔節節支解時에 若有我相人相衆生相壽者
고　　아어왕석절절지해시　　약유아상인상중생상수자

相이면 應生瞋恨일러니라 須菩提야 又念過去於五百世에 作
상   응생진한   수보리 우념과거어오백세에 작

忍辱仙人하야 於爾所世에 無我相하며 無人相하며 無衆生
인욕선인   어이소세 무아상   무인상   무중생

相하며 無壽者相호라
상   무수자상

강설

　다음으로 여덟 번째 의심이 나오는군요. (8) 이 경을 수지해도
괴로운 과보는 면치 못하는 것 아닌가 하는 의심입니다. 경전을
잘 수지하고도 주위 사람들에게 욕먹거나 업신여김을 당하는 경
우를 제16 능정업장분에서 이야기하지만, 여기서는 인욕선인의
이야기를 하고 있습니다.

• 야보선사 :

‘제일바라밀’에 대해,

"양팔로 타개하여 두 손으로 분부하셨다."

"제일바라밀이라 이름함이여, 천차만별이 이로부터 나왔도다.
귀면鬼面과 신두神頭로써 대면하여 오니 이때에 서로 모른다고 말
하지 마라."[93]

　가리왕歌利王에서 가리歌利는 kali니 극악極惡이라 번역하며, 지극

---

[93] "八字打開하야 兩手分付샀다" "是名第一波羅蜜이여 萬別千差가 從此出이라 鬼
面神頭가 對面來하니 此時에 莫道不相識하라"

히 포악한 임금을 말합니다. 세존이 전생에 바라문으로 있을 때에 '일방적인 오해'로 바라문의 몸이 갈기갈기 찢긴 일[94]이 있습니다. 하지만 바라문은 마음속에 성내는 마음이 없었습니다. 이렇게 마음에 분노가 일어나지 않을 수 있는 것은 네 가지 모양에 집착하지 않는 반야의 지혜가 있기 때문입니다.

【 부처님의 전생 이야기 : 인욕선인의 고행 】

부처님께서 남인도 후난다국의 산중에서 인욕선인으로 수행할 때에, 그 나라의 가리왕歌利王이 후궁들과 꽃구경을 나왔습니다. 가리왕은 점심을 먹은 후에 노곤하여 잠이 들었고, 후궁들은 이리저리 꽃구경을 다니다가 인욕선인을 발견하고 법문을 청해 들었습니다. 잠에서 깨어난 왕은 주변에 아무도 없는 것을 알고는, 화가 나서 이곳저곳을 찾아 헤매다가 한 수행자에게 법문을 듣고 있는 후궁들을 발견하고는 분노가 폭발하여 성난 음성으로 선인에게 물었습니다.

"여기서 무엇을 하고 있느냐?"

수행자는 조용한 음성으로 대답했습니다.

---

94 제13 인고주忍苦住이니 괴로움을 참아내는 지위입니다. 역시 이상적멸분 중 부처님께서 인욕바라밀을 행하실 때 가리왕에게 몸을 갈기갈기 찢기신 대목으로부터 "햇빛이 밝게 비추면 갖가지 색을 보거니와"까지로서 아상我相이 없으므로 어떤 고생도 참아냈다는 내용이니, 제9 무박무착해탈회향에 해당합니다.

"저는 인욕을 수행하는 사람입니다."

"나의 후궁들을 모아 놓고 떠벌리는 것을 보니 인욕이 아니라 탐욕이 가득하구나. 그대가 정말로 인욕을 잘한다면 내가 시험해 봐야겠다."

가리왕은 칼을 뽑아들고 선인의 귀를 잘랐습니다. 그러나 선인은 두려워하거나 화내지 않았고, 억지로 참는 기색도 없었어요. 더욱 화가 난 왕은 선인의 두 팔과 두 다리를 베었습니다.

"이렇게 해도 아프지 않으냐? 원망하는 마음이 일어나지 않느냐?"

"내가 본래 있지 않고 남 또한 없는데 무엇이 아프고 누구를 원망하겠소?"

그때 하늘에서 사천왕들이 모래와 돌을 던졌고, 그토록 악독한 가리왕도 하늘의 노여움이 두려워 마침내 무릎을 꿇고 참회하였습니다.

"선인이시여, 이제까지 한 일을 모두 참회합니다. 선인께서는 자비로써 저의 참회를 받아 주소서."

"왕이시여, 나에게는 탐욕도 노여움도 없습니다."

"선인이시여, 그 마음을 저희가 어떻게 알 수 있습니까?"

"만일 나의 마음이 참되고 거짓이 없다면 나의 잘린 귀와 손발, 다리는 본래대로 붙을 것입니다."

그 말이 끝나자마자 모든 것이 제자리에 다시 붙었습니다. 이에 왕은 깊이 참회하였고 후궁들은 더욱 깊은 믿음을 얻게 되었다는 이야기입니다.

이런 참된 인욕을 오백 세를 계속 태어나면서 실천하였다 하니 참으로 대단하지 않습니까? 미륵보살의 제27 게송입니다.

이아급에상離我及恚相　　실무어고뇌實無於苦惱
공락유자비共樂有慈悲　　여시고행과如是苦行果

아상과 성내는 상을 여의면
실로 아무런 고통이 없나니
함께 즐겁고 자비가 있는 것
이것이 고행의 결과이다.

어떤 강사스님은 이 부분을 부처님께서 생전에 겪으신 코살라국과 고향 카필라국의 전쟁을 떠올리면서 말씀하신 부분이라 합니다. 성도 2년 만에 고향 카필라국을 방문한 세존께서는 석가족 중에 발심해서 출가를 원하는 사람은 모두 다 데리고 기원정사로 돌아오셨는데, 그 후 몇 년 뒤에 힘센 코살라국이 전쟁을 일으켜 카필라국을 멸망시킬 때, 두 번이나 국경에 나아가 전쟁을 말렸지만 더 이상 어찌할 수 없음을 알고 울분을 참으면서 보고만 계셨으니, 그 심정이 바로 인욕선인의 고통과 다를 바가 없었을 것입니다.

• 야보선사 :
'인욕바라밀'에 대해,

"지혜는 어리석음을 책망하지 않는다."

"칼로써 물을 베는 것과 같고 불로써 빛을 부는 것과 같도다. 밝음이 오면 어둠이 가시니 무슨 일이라도 방해롭지 않도다. 가리왕, 가리왕이여! 누가 원연랑遠煙浪에 달리 좋은 사량이 있음을 알리오! 안개와 물결이 자욱한 곳에 따로 좋은 경치가 있음을 누가 알리오."**95**

인용하는 힘은 진리를 바로 보는 '반야의 지혜'입니다. 『반야심경』에서 말하는 "행심반야바라밀다시行深般若波羅蜜多時 조견오온개공照見五蘊皆空 도일체고액度一切苦厄"의 구절입니다. 이러한 반야는 실상반야實相般若, 관조반야觀照般若, 문자반야文字般若의 셋으로 나누어 설명하기도 합니다.

위의 경문 중에서 잠시 봅시다.

"내가 옛적에 가리왕에게 온몸을 마디마디 잘렸을 때, 나는 자아가 있다는 관념, 개아가 있다는 관념, 중생이 있다는 관념, 영혼이 있다는 관념이 없었기 때문이다. 왜냐하면 내가 옛날 마디마디 사지가 잘렸을 때, 자아가 있다는 관념, 개아가 있다는 관념, 중생이 있다는 관념, 영혼이 있다는 관념이 있었다면 성내고 원망하는 마음이 생겼을 것이기 때문이다."

---

95 "智不責愚니라" "如刀斷水요 似火吹光이라 明來暗去에 那事無妨이로다 歌利王 歌利王이여 誰知遠煙浪에 別有好商量이리오"

• 야보선사 :

"보이는 대로 보고, 들리는 대로 들으라."

"사대가 원래 '나'가 없으며 오온은 다 공하도다. 텅 비어 허무한 이치여, 하늘과 땅은 만고에 같도다. 묘봉妙峰은 높고 높아 항상 예[古]와 같으니 땅을 휩쓸고 가는 회오리바람을 누가 관계하리오."[96]

선화 이야기 21

사대는 원래 주인이 없고 오온도 본래 공한 것

여기서 승조(僧肇, 384~414)법사의 임종게臨終偈를 살펴봅시다.

사대원무주四大元無主　　오온본래공五蘊本來空
장두임백인將頭臨白刃　　흡사참춘풍恰似斬春風

사대는 원래 주인이 없고
오온도 본래 공한 것일 뿐
칼날이 내 머리 내리치겠지만

---

96 "目前無法이니 從敎柳綠花紅이요 耳畔無聞이니 一任鶯吟燕語로다" "四大가 元無我요 五蘊이 悉皆空이라 廓落虛無理여 乾坤이 萬古同이라 妙峰이 嶷嶷常如故하니 誰管顚號括地風이리오"

흡사 봄바람을 베는 것 같으리라.

이 시는 승조법사가 형장의 이슬로 사라지면서 자신의 죽음을 담담히 맞이한 임종게로서는 일품인 시입니다. 승조는 동진東晉 때 스님으로 당시의 유명한 역경가 구마라집의 수제자였지요. 『조론肇論』은 그가 저술한 대표작으로 반야부 경전에서 설한 공空의 이치를 논한 책입니다. 만유제법이 자성이 없어서 모두가 공한 것이나, 그것은 상대적 공이 아니라 절대적인 묘공妙空이라고 주장하여 공을 천명한 내용입니다. 이렇게 공에 대하여 철저한 이론을 내세운 그는, 부처님의 10대 제자 가운데 수보리처럼 해공제일解空第一이라 불리었습니다.

그러나 그는 무척 불우한 일생을 마쳤어요. 당시 후진後秦의 왕이었던 요흥姚興이 그에게 벼슬을 내렸는데 이를 거절해 왕의 노여움을 사게 되어 결국 사형을 당한 것으로 전해집니다. 요흥은 승조의 스승 구마라집을 맞이하여 장안長安에 머물게 하면서 불경을 번역하게 하고 불교를 크게 외호하기도 했는데, 승조법사와는 무슨 악연惡緣이 있었는지 승조가 31세의 나이로 형장의 이슬로 사라졌다고 기록되어 있습니다.

승조의 중심 사상은 공空에 있습니다. 그는 철저히 공을 체득하여 남다른 경지를 체험한 인물이지요. 위의 임종게가 이를 웅변하고 있습니다. 사대오온은 육체와 정신인데, 내 몸뚱이가 바로 주인이 없는 물건이라는 말인 거죠. 마음이니 정신이니 하는 것도 본래 아무것도 없는 것이란 말입니다.

'칼날이 내 목을 내리쳐도 봄바람을 베는 것에 불과하리라.'고
한 이 말에서 과연 승조는 공空의 달인達人이라 할 것입니다.

14-5

그러므로 수보리여! 보살은 모든 관념을 떠나 가장 높고 바
른 깨달음의 마음을 내어야 한다. 형색에 집착 없이 마음을 내
어야 하며 소리, 냄새, 맛, 감촉, 마음의 대상에도 집착 없이 마
음을 내어야 한다. 마땅히 집착 없이 마음을 내어야 한다. 마
음에 집착이 있다면 그것은 올바른 삶이 아니다. 그러므로 '보
살은 형색에 집착 없는 마음으로 보시해야 한다.'고 여래는 설
하였다.

수보리여! 보살은 모든 중생을 이롭게 하기 위해 이와 같이
보시해야 한다. 여래는 모든 중생이란 관념은 중생이란 관념
이 아니라고 설하고, 또 모든 중생도 중생이 아니라고 설한다.

是故로 須菩提야 菩薩이 應離一切相하고 發阿耨多羅三藐
시고　수보리　보살　응리일체상　　　발아뇩다라삼먁

三菩提心이니 不應住色生心하며 不應住聲香味觸法生心
삼보리심　　불응주색생심　　불응주성향미촉법생심

이요 應生無所住心이니라 若心有住면 則爲非住니 是故로 佛
　　응생무소주심　　　약심유주　즉위비주　시고　불

說菩薩이 心不應住色布施라하노라 須菩提야 菩薩이 爲利
설보살　심불응주색보시　　　　수보리　보살　위이

益一切衆生하야 應如是布施니라 如來가 說一切諸相이 卽
익일체중생　　응여시보시　　여래　설일체제상　즉

是非相이며 又說一切衆生이 則非衆生이니라
시 비 상　　우 설 일 체 중 생　　즉 비 중 생

강설

• 야보선사 :

모양을 여의고 마음을 내야 함에 대해,

"이것은 작용과 하나 된 것인가, 작용을 떠난 것인가?"

"얻는 것은 마음에 있고 쓰는 것은 손에 있도다. 눈 위를 비추는 달빛과 바람에 나부끼는 꽃이요, 하늘은 높고 땅은 넓도다. 아침마다 닭은 오경五更에 울고 봄이 오면 산마다 꽃이 빼어나도다."[97]

"마음에 집착이 있다면 그것은 올바른 삶이 아니다. 그러므로 '보살은 형색에 집착 없는 마음으로 보시해야 한다.'고 여래는 설하였다. 수보리여! 보살은 모든 중생을 이롭게 하기 위해 이와 같이 보시해야 한다."

• 야보선사 :

"부처님 있는 곳에도 머물지 말고 부처님 없는 데서는 급히 지나갈지니, 30년 후에 (너에게) 이르지 않았다고 말하지 말지어다."

---

[97] "是가 卽此用가 離此用가" "得之在心이요 應之在手라 雪月風花요 天長地久라 朝朝雞向五更啼하고 春來處處山花秀로다"

"아침에는 남악에서 놀고 저녁에는 천태산에 가도다. 쫓으려 해도 미치지 못하더니 홀연히 저절로 오는구나. 홀로 행하고 홀로 앉아 걸림이 없으니 너그러운 생각이 있어 또한 너그러워지는구나."**98**

"여래는 모든 중생이란 관념은 중생이란 관념이 아니라고 설하고, 또 모든 중생도 중생이 아니라고 설한다."

● 야보선사 :

"따로 좋은 곳이 있으니 잡아내는 데 방해롭지 않구나."

"중생도 아니고 모양도 아님이여! 따뜻한 봄날 노란 꾀꼬리 버들 위에서 우누나. 산운과 해월의 정을 다 설했거늘 예전처럼 알지 못하고 공연히 쓸쓸해하도다. 서글퍼하지 마라. 만 리에 구름 한 점 없으니 하늘이 한 모양뿐이더라."**99**

---

98 "有佛處에 不得住하고 無佛處에 急走過하야 三十年後에 莫言不道어다" "朝遊南嶽하고 暮往天台로다 追而不及이요 忽然自來로다 獨行獨坐無拘繫하니 得寬懷處에 且寬懷로다"

99 "別有長處하니 不妨拈出이로다" "不是衆生不是相이여 春暖黃鶯이 啼柳上이로다 說盡山雲海月情이어늘 依前不會空惆悵이로다 休惆悵하라 萬里無雲天一樣이로다"

(9) 말은 허무한 것 그것으로 어떻게 진여를 깨치랴 하는 의심
   (단능증무체비인의斷能證無體非因疑)

14-6

수보리여! 여래는 바른 말을 하는 이고, 참된 말을 하는 이
며, 이치에 맞는 말을 하는 이고, 속임 없이 말하는 이며, 사실
대로 말하는 이다. 수보리여! 여래가 얻은 법에는 진실도 없고
거짓도 없다.

須菩提야 如來는 是眞語者며 實語者며 如語者며 不誑語
수보리   여래   시 진 어 자   실 어 자   여 어 자   불 광 어

者며 不異語者니라 須菩提야 如來所得法은 此法이 無實無
자   불 이 어 자   수 보 리   여래소득법   차 법   무 실 무

虛하니라
허

> **강설**

이제 아홉 번째 의심으로 넘어갑니다. **(9) 말은 허무한 것 그것**
으로 어떻게 진여를 깨치랴 하는 의심이니, 그래서 궁여지책으
로 "부처님은 진실한 말, 실다운 말, 여실한 말, 속이지 않는 말
만 하는 이다."라는 말씀을 하십니다. 부처님의 말씀도 믿지 않
는 듯하니 이처럼 말씀하신 것이지요.

스님들의 말씀은 말할 것도 없고, 경전에 설해진 부처님 말씀
도 나의 생각과 맞지 않으면 수용하지 않는 요즘의 세태도 한번

생각해 봐야 할 대목입니다. 왜냐하면 종교에서 믿음이 없으면 아무것도 이룰 수 없기 때문이지요. "불법의 큰 바다에는 믿음을 가져야 비로소 들어갈 수 있다[佛法大海 信爲能入]."라는 『대지도론大智度論』의 말씀을 명심합시다.

• 야보선사 :

"은혜를 아는 자는 적고 은혜를 저버리는 자는 많도다."

"두 개의 5백 근이 1관이요, 아버지는 원래 장부로다. 분명히 대면하여 그를 향해 말하나 좋은 마음에 좋은 과보가 없음을 어찌하리오. 진어자眞語者 실어자實語者여, 가가가 야야야로다."[100]

"수보리여! 여래가 얻은 법에는 진실도 없고 거짓도 없다."

(10) 진여가 두루한데 어째서 얻는 이도 있고 얻지 못하는 이도 있는가 하는 의심 (단여변유득무득의斷如偏有得無得疑)

14-7

十四. 이적정미주離寂靜味住 / 이제십지자량불구장離第十智資糧不具障

수보리여! 보살이 대상에 집착하는 마음으로 보시하는 것은

---

100 "知恩者가 少하고 負恩者가 多로다" "兩箇五百이 是一貫이요 阿爺元是丈夫漢이라 分明對面向渠言이나 爭奈好心이 無好報리오 眞語者實語者여 呵呵呵喏喏喏이로다"

마치 사람이 어둠 속에 들어가면 아무것도 볼 수 없는 것과 같고 보살이 대상에 집착하지 않는 마음으로 보시하는 것은 마치 눈 있는 사람에게 햇빛이 밝게 비치면 갖가지 모양을 볼 수 있는 것과 같다. 수보리여! 미래에 선남자 선여인이 이 경전을 받고 지니고 읽고 외운다면[101] 여래는 부처의 지혜로 이 사람들이 모두 한량없는 공덕을 성취하게 될 것임을 다 알고 다 본다."

須菩提야 若菩薩이 心住於法하야 而行布施하면 如人入闇
수보리   약보살   심주어법   이행보시   여인입암

에 則無所見이요 若菩薩이 心不住法하야 而行布施하면 如人
   즉무소견   약보살   심부주법   이행보시   여인

有目에 日光明照하야 見種種色이니라 須菩提야 當來之世
유목   일광명조   견종종색   수보리   당래지세

에 若有善男子善女人이 能於此經에 受持讀誦하면 則爲如
   약유선남자선여인   능어차경   수지독송   즉위여

來가 以佛智慧로 悉知是人하며 悉見是人하나니 皆得成就
래   이불지혜   실지시인   실견시인   개득성취

無量無邊功德하나니라
무량무변공덕

　열 번째 의심은 <u>(10) 진여가 두루한데 어째서 얻는 이도 있고 얻지 못하는 이도 있는가 하는 의심</u>입니다. 이 대목은 위의 제7 무득무설분無得無說分에서 말한 '일체 성인들은 모두 무위법에 의하여 차별을 이룬다.'는 것에 의해 이런 의심이 생긴 것입니다. 무위법無爲法은 허공처럼 어디에나 두루한데 진여를 얻고 얻지 못하는 차별이 웬 말이냐는 뜻입니다.

• 야보선사 :

'무위법'에 대해,

"물속의 짠맛이요, 색깔 속에 있는 아교의 깨끗함이로다."

"굳기는 철과 같고 부드럽기는 연유와 같으며 보면 있는 듯하나 찾으면 도리어 없도다. 비록 그렇게 걸음 걸음에 항상 서로 따르지만 또한 그를 아는 이 아무도 없도다. 억!"[102]

• 야보선사 :

'무위법의 공능에 대한 비유'에 대해,

"땅에서 넘어진 사람 땅을 밟고 일어나니, 땅이 너를 향해 무엇이라 말하던가?"

"세상만사가 한결같지 않으니 또한 사람을 놀라게 하지 않으며 또한 오래 가도다. 한결같음이여, 흡사 가을바람과 같아서 사

---

102 "水中鹹味요 色裡膠淸이로다" "硬似鐵軟如酥하고 看時有覓還無라 雖然步步常相守나 要且無人識得渠로다 咦"

람을 서늘케 할 뜻이 없지만 사람들이 저절로 서늘해하도다."[103]

　부처와 중생이 본래로 평등하지만 인연법이 작용하는 것은 분명 깨침과 미함은 다른 것이지요. 깨달은 부처는 생사윤회에서 자유롭지만 미혹한 중생은 육도윤회를 할 수밖에 없으니 '땅에서 넘어진 자 땅을 밟고 일어나야' 하는 것입니다.

---

[103] "因地而倒에 因地而起니 地向你道什麼오" "世間萬事가 不如常하니 又不驚人又
久長이라 如常이여 恰似秋風至하야 無意涼人人自涼이로다"

"상좌야, 망좌야!" "예, 데!"

식후경인 『금강경』도 상편이 끝났습니다. 머나먼 길이오니 잠시 쉬어갈 겸, 한 가지 이야기 보따리를 풀까 합니다.

옛날에 어느 한적한 절간에 노스님과 젊은 상좌가 살고 있었습니다. 밭에 가서 종일 일을 하고 오후가 되어 일을 마치고 처소로 돌아올 즈음, 노스님이 상좌승을 불렀어요.

"상좌야, 망좌야!"

"예, 데!"

"야, 이놈아! 스님이 부르는데 '예' 하고 쫓아올 일이지, '예, 데'가 뭐냐!"

"예, 스님. 지가 잘못했습니다. 그런데 스님은 상좌면 상좌지 망좌는 무엇입니까!"

이에 노스님은 "하하하, 그렇구나. 우리 둘 다 벌을 서야겠구나." 하고는 호미와 괭이를 갖다 놓고는 약속된 장소인 법당 뒤로 갔어요. 상좌가 법당 뒤에 숨겨 놓은 독에서 바가지로 곡차(동동주)를 가득히 담아 스님께 묵은 김치와 함께 드렸어요. 그러니 하루 종일 쌓였던 피로가 싹 가시며 권커니 작커니 거나하게 마셨어요.

그런데 그때 어떤 거사님이 우연히 사찰에 왔다가 법당 뒤에서 풍겨 오는 이상한 냄새를 맡고는, '허허허! 재미있는 일이구나.' 싶어 혼자 큰 소리로 외쳤어요.

"허허허, 내가 법당에 모셔 놓은 부처님의 할아버지이거늘 아무도 나를 반겨 맞아 주는 사람이 없구나. 허허허, 이럴 수가!"

방금까지 법당 뒤편에서 곡차를 마셨는지라 얼굴이 벌건 상좌가 난데없는 괴이한 소리를 듣고 소리나는 쪽으로 나아갔어요.

"처사는 어디서 왔길래 그런 괴상한 소리를 합니까?"

"아 예, 저는 아랫마을 사는 김 서방인데, 전에 어떤 노스님께서 법문하신 소리를 가만히 생각해 보면서 혼자서 한 소리입니다."

"아니, 그래도 그렇지. 아까 무어라 했소?"

"허허, 생각해 보세요. 법당에 모셔진 부처님이 아무리 훌륭하지만 스님들이 죽을 고행을 하며 공부해서 부처님 되셨을 것이고, 또 스님들이 아무리 훌륭하지만 우리들 처사들이 껌껌한 밤에 땀을 뻘뻘 흘리며 힘들여 만든 작품일 것이니, 따지고 보면 부처님은 처사들의 손자뻘이 된다고 말씀하시더군요! 제 말이 무어 잘못되었나요?"

"하기야 따지고 보면 그렇긴 하지만, 그래도 처사가 건방지
게 부처님이 손자뻘이라는 말하지 마시오! 성질 급한 스님 만
나면 늘씬하게 얻어맞을 것이니. 으-흠."

"하하, 그러고 보니 제가 잘못했군요. 그런데 아까부터 보노
라니 스님 얼굴이 왜 그렇게 뻘겋습니까? 무슨 좋은 일 있으
신가요?"

"아하, 그래요? 그럼 법당 뒤로 벌써러 갑시다."

그래서 결국은 눈치 빠른 처사가 절에 가서 스님들과 곡차
를 나누어 마셨다는 이야기입니다.

이 설화는 스님들이 수행자라는 상相을 떠나게 하는 모습과
속인들을 함부로 대하지 않는 자비가 함께 보이는 에피소드
가 아닐까 합니다.

⑮ 지경공덕분 持經功德分
경전을 수지하는 공덕

15-1

"수보리여! 선남자 선여인이 아침나절에 항하의 모래 수만큼 몸을 보시하고, 점심나절에 항하의 모래 수만큼 몸을 보시하며, 저녁나절에 항하의 모래 수만큼 몸을 보시하여, 이와 같이 한량없는 시간 동안 몸을 보시한다고 하자. 또 어떤 사람이 이 경의 말씀을 듣고 비방하지 않고 믿는다고 하자. 그러면 이 복은 저 복보다 더 뛰어나다. 하물며 이 경전을 베껴 쓰고 받고 지니고 읽고 외우고 다른 이를 위해 설명해 줌이랴!

수보리여! 간단하게 말하면 이 경에는 생각할 수도 없고 헤아릴 수도 없는 한없는 공덕이 있다. 여래는 대승에 나아가는 이를 위해 설하며 최상승에 나아가는 이를 위해 설한다.

須菩提야 若有善男子善女人이 初日分에 以恒河沙等身
수보리 약유선남자선여인 초일분 이항하사등신

으로 布施하며 中日分에 復以恒河沙等身으로 布施하며 後日
보시 중일분 부이항하사등신 보시 후일

分에 亦以恒河沙等身으로 布施하야 如是無量百千萬億劫
분 역이항하사등신 보시 여시무량백천만억겁

을 **以身布施**어든 **若復有人**이 **聞此經典**하고 **信心不逆**하면 **其**
이 신 보 시 약 부 유 인 문 차 경 전 신 심 불 역 기

福勝彼하리니 **何況書寫受持讀誦**하야 **爲人解說**가 **須菩提**야
복 승 피 하 황 서 사 수 지 독 송 위 인 해 설 수 보 리

以要言之컨댄 **是經**이 **有不可思議不可稱量無邊功德**하니
이 요 언 지 시 경 유 불 가 사 의 불 가 칭 량 무 변 공 덕

如來가 **爲發大乘者說**이며 **爲發最上乘者說**이니라
여 래 위 발 대 승 자 설 위 발 최 상 승 자 설

강설

다음으로 항하사 수효 같은 몸으로 보시한다는 말은, 이미 제 13 여법수지분如法受持分에서 말한 적이 있는 내용입니다. 여기서는 "아침나절과 점심, 저녁나절에 항하사 수효 같은 몸으로 보시하고…… 이렇게 한량없는 백천만 억겁 동안 보시한다."라는 말은 차츰 보시의 내용이 많아지고 시간은 길어짐으로써 유위법의 최대 공덕을 뜻합니다. 하지만 아무리 그렇다 하더라도 무위의 공덕에는 미치지 못한다는 뜻일 것입니다.

• 야보선사 :

경전 수지의 공덕이 이와 같이 큼에 대해,

"태산과 화산華山을 쪼갤 수 있는 솜씨는 모름지기 이 거영신巨靈神이로다."

"산과 악岳을 쌓고 쌓음이여, 낱낱이 다 티끌이로다. 눈 속의 그 눈동자 푸르르고 흉중의 그 기세는 우레 같도다. 변방에 나아가

면 변방이 고요하고 나라 안에 들어오면 영재를 꿰뚫도다. 한 조 각 작은 마음이 바다처럼 크니 파도가 출렁임을 몇 번이나 보았 던가?"[104]

"또 어떤 사람이 이 경의 말씀을 듣고 비방하지 않고 믿는다 고 하자. 그러면 이 복은 저 복보다 더 뛰어나다. 하물며 이 경 전을 베껴 쓰고 받고 지니고 읽고 외우고 다른 이를 위해 설명 해 줌이랴!"

• 야보선사 :

"인천에 태어나는 복의 과보는 없지 않지만 불법은 꿈에도 보 지 못하도다."

"초·중·후의 베푸는 마음을 냄은 같으니 공덕은 그지없이 다 헬 수 없도다. 어찌 신심의 마음을 세우지 않고서 한 주먹으로 저 허공을 쳐서 꿰뚫는 것만 같으랴!"[105]

"수보리여! 간단하게 말하면 이 경에는 생각할 수도 없고 헤

---

104 "擘開泰華手는 須是巨靈神이니라" "堆山積岳來여 一一盡塵埃로다 眼裡에 瞳人 碧하고 胸中에 氣若雷로다 出邊에 沙塞静이요 入國에 貫英才로다 一片寸心이 如海大하니 波濤에 幾見去還來오"
105 "人天福報는 即不無어니와 佛法은 未夢見在로다" "初中後發施心同하니 功德이 無邊算莫窮이로다 爭似信心心不立하야 一拳打透太虛空가"

아릴 수도 없는 한없는 많은 공덕이 있다. 여래는 대승에 나아
가는 이를 위해 설하며 최상승에 나아가는 이를 위해 설한다."

　　이런 내용은 마치 『법화경』에서 주장하는 5종법사나 여래사如
來使 신앙 같은 내용106과 거의 같다고 할 수 있습니다. 다음 내용
의 '여래의 아뇩보리를 어깨에 짊어진 사람[荷擔如來阿耨多羅三藐三菩
提]'이란 말도 '여래사'와 비슷한 개념이라는 뜻입니다.

선사의 뜻은 꿈에도 보지 못했도다

　　예전에 당나라 말기에 균주筠州 구봉 도건九峰 道虔선사가 석상(石
霜慶諸, 807~888)의 문하에서 시자侍者로 있었는데, 석상이 열반에 든
뒤에 대중이 큰방의 수좌首座를 청해서 주지의 뒤를 잇게 하려 하
였습니다. 선사는 긍정치 않고 말하기를, "내가 물어보기까지 기
다려라. 만일 스님[先師]의 뜻을 알면 스님처럼 시봉을 들리라."

---

106 『묘법연화경』의 「법사품法師品」 제10에 나오는 내용이다. "약왕이여, 만일 선남
　　자 선여인이 여래께서 열반하신 뒤 사부대중을 위하여 이 『법화경』을 설하려 할
　　때는 어떻게 설하는가? 이 선남자 선여인은 여래의 방에 들어가 여래의 옷을 입
　　고, 여래의 자리에 앉아 사부대중을 위하여 이 경을 널리 설할지니, 여래의 방은
　　일체중생 가운데 대자비심이요, 여래의 옷은 부드러운 인욕심이며, 여래의 자
　　리는 일체의 빈 법[法空]이니, 이런 가운데 편안히 머무른 뒤에야 게으른 마음이
　　없이 여러 보살과 사부대중을 위하여 이 『법화경』을 널리 설할지니라."

192　　재미있는 금강경 강의

하고 다시 물었습니다.

"선사께서는 말씀하시기를 '쉬어 가고 쉬어 가라[休去歇去]. 한 생각이 만년을 가라[一念萬年]. 식은 재와 마른나무와 같이 하라[寒灰枯木去]. 한 가닥 흰 비단같이 하라[一條白練去].'고 말씀하셨는데, 말해 봐라. 무슨 일을 밝힌 말씀인가?" 하니, 수좌가 말하기를 "한 빛깔의 일을 밝혔느니라[明一色邊事]."라고 하였습니다.

"그렇다면 아직 선사의 뜻을 알지 못했도다."

"그대는 나를 긍정하지 않는가? 향을 가져오라."

수좌가 향을 피우면서 말하되, "내가 만일 선사의 뜻을 알지 못했다면 향 연기가 일어나는 곳에서 이 몸을 벗어나지 못하리라."

향 연기가 일자 이내 앉은 채로 몸을 벗어 버리거늘, 구봉이 그의 등을 어루만지면서 말하되 "앉아서 벗어나고 서서 죽는 것은 없지 않으나 선사의 뜻은 꿈에도 보지 못했도다." 하였어요.

그 뒤 천동 정각(天童 正覺, 1091~1157)스님이 여기에 대해 게송으로 평하셨습니다.[107]

석상일종 친전구봉石霜一宗 親傳九峰
향연탈법 정맥난통香煙脫法 正脈難通
월소학작천년몽月巢鶴作千年夢
설옥인미일색공雪屋人迷一色功
좌단시방유점액坐斷十方猶點額

---

[107] 『종용록』제96則 구봉불긍九峰不肯. (대정장 권48 p. 289)

밀이일보간비룡密移一步看飛龍

석상의 한 종파를 친히 구봉에 전하노니
향 연기에 벗어 버린 것 가지고는 바른 맥 통하기 어렵네.
학은 달집 속에 천 년 꿈을 꾸고 있고
눈 집에 사는 사람은 한 빛깔에 혼미했네.
시방세계를 꽉 누르더라도 이마를 부딪치나니
가만히 한 걸음 옮겨야 나는 용을 볼 수 있으리.

나고 죽음에 자유자재한 것이 조사선의 종지라면, 구봉의 점검에 좌탈坐脫에만 집착하지 말고, 등을 어루만질 때 다시 고함을 치거나 무언가 보여 주었어야 할 것입니다. 그래야 용무생사用無生死의 경지가 아닐까요! 그리고 일불승一佛乘의 법으로 본다면 생사자재가 수행의 끝이 아니라 보살행의 시작이 되어야 하며, 보살행 없는 생사자재는 또 하나의 소승이라 할 수밖에 없지 않을까요!

）

15-2

어떤 사람이 이 경을 받고 지니고 읽고 외워 널리 다른 사람을 위해 설해 준다면 여래는 이 사람들이 헤아릴 수 없고 말할 수 없으며 한없고 생각할 수 없는 공덕을 성취할 것임을 다 알고 다 본다. 이와 같은 사람들은 여래의 가장 높고 바른 깨달음을 감당하게 될 것이다. 왜냐하면 수보리여! 소승법을 좋아하는 자가 자아가 있다는 견해, 개아가 있다는 견해, 중생이 있다는 견해, 영혼이 있다는 견해에 집착한다면 이 경을 듣고 받고 읽고 외우며 다른 사람을 위해 설명해 주지 못하기 때문이다.

若有人이 能受持讀誦하야 廣爲人說하면 如來가 悉知是人
약유인   능수지독송   광위인설   여래   실지시인

하며 悉見是人하야 皆得成就不可量不可稱無有邊不可思
     실견시인   개득성취불가량불가칭무유변불가사

議功德하리니 如是人等은 則爲荷擔如來阿耨多羅三藐
의공덕   여시인등   즉위하담여래아뇩다라삼먁

三菩提니라 何以故오 須菩提야 若樂小法者는 著我見人見
삼보리   하이고   수보리   약요소법자   착아견인견

衆生見壽者見일새 則於此經에 不能聽受讀誦하야 爲人解
중생견수자견   즉어차경   불능청수독송   위인해

說하리라
설

15-3

수보리여! 이 경전이 있는 곳은 어디든지 모든 세상의 천신·인간·아수라들에게 공양을 받을 것이다. 이곳은 바로 탑이 되리니 모두가 공경하고 예배하고 돌면서 그곳에 여러 가지 꽃과 향을 뿌릴 것임을 알아야 한다."

須菩提_야 在在處處_에 若有此經_{하면} 一切世間天人阿修
수보리   재재처처   약유차경   일체세간천인아수

羅_의 所應供養_{이니} 當知此處_는 則爲是塔_{이라} 皆應恭敬作
라   소응공양   당지차처   즉위시탑   개응공경작

禮圍繞_{하야} 以諸華香_{으로} 而散其處_{하리라}
례위요   이제화향   이산기처

강설

• 야보선사 :

"마치 한 줌의 실을 끊음과 같아서 한 번 끊으면 모두가 끊어
지는구나."

"한 주먹으로 화성化城의 관문을 타도하고 한 발로 현묘의 울타
리를 차서 뒤엎도다. 남북동서에 마음대로 행하니 대비하신 관
자재觀自在를 찾지 말지어다. 대승설 최상승설이여! 한 방망이에
한 가닥의 흔적이요, 한 주먹에 한 줌의 피로다."[108]

이어서 다음 내용을 보십시다.

"왜냐하면 수보리여! 소승법을 좋아하는 이가 자아가 있다
는 견해, 개아가 있다는 견해, 중생이 있다는 견해, 영혼이 있
다는 견해에 집착한다면 이 경을 듣고 받고 읽고 외우며 다른

---

108 "如斬一握絲하야 一斬에 一切斷이로다" "一拳打倒化城關하고 一脚趯翻玄妙寨
로다 南北東西에 信步行하니 休覓大悲觀自在어다 大乘說最上說이여 一棒에 一
條痕이요 一掌에 一握血이로다"

사람을 위해 설명해 주지 못하기 때문이다."

소승에 집착한 무리들은 이 경전을 이해할 수 없다는 뜻으로 볼 수 있습니다. 오늘날 사회구제나 사회환원, 환경운동 등 시민 연대와 함께하지 않고는 불법을 포교할 수 없는 이유가 이런 데도 있습니다. 대만臺灣의 정사정사靜思精舍 자제공덕회慈濟功德會[109]나 병원 봉사활동, 지진 등 재난 구제에 적극 동참하는 불교단체들은 대승의 불교정신을 사회에 알리고 실천하는 바람직한 모습이라 할 것입니다.

선화 이야기 23

동쪽 허공에다 『금강경』을 쓰던 구苟 씨

그리고 이어지는 내용에 '온갖 세상과 천인 아수라들이 공양한다[若有此經 一切世間天人阿修羅所應供養].'는 말이 있습니다. 중국 수隋나라 때 익주益州 신번현新繁縣 왕자촌 구苟 씨의 일화를 소개해 봅니다.

어느 날 구 씨는 마을 동쪽 끝에 가서 허공에다 『금강경』을 쓰곤 했습니다. 이유인즉 하늘 사람이 보고 읽으란 뜻입니다. 그런

---

109 1966년 대만의 비구니 큰스님인 증엄證嚴스님이 설립했고 현재 전 세계 500만 명의 회원이 활동 중이다.

데 그 후 글씨 쓴 곳에는 비가 내리지 않아서 목동들이 거기서 비를 피하곤 하였습니다. 그 후 당唐 고조高祖 무덕武德 연간(618~625)에 서역에서 범승梵僧이 오더니 그곳에 가서 허공을 향해 절을 하였습니다. 이유를 물으니 "『금강경』이 있어서 하늘 무리들이 항상 둘러싸고 공양을 올리는 곳이다."라고 대답하였답니다.

• 야보선사 :

"어진 이가 보면 어질다고 말하고 지혜로운 이가 보면 지혜롭다 말하도다."

"영웅도 배우지 않고 독서도 하지 않으며 부지런히 또 부지런히 먼 길만 가도다. 어머니가 낳아 준 보배를 마음대로 쓸 줄 몰라서 무지하게 굶어 죽는 것을 당연히 여기도다. 어찌 다른 사람을 괴이하게만 여기리오."[110]

"수보리여! 이 경전이 있는 곳은 어디든지 모든 세상의 천신·인간·아수라들에게 공양을 받을 것이다. 이곳은 바로 탑이 되리니 모두가 공경하고 예배하고 돌면서 그곳에 여러 가지 꽃과 향을 뿌릴 것임을 알아야 한다."

---

[110] "仁者見之에 謂之仁이요 智者見之에 謂之智로다" "不學英雄不讀書하고 波波役役走長途로다 娘生寶藏을 無心用하야 甘作無知餓死夫로다 爭怪得別人이리오"

• 야보선사 :

"(경전에 공양하려면) 진주의 무요, 운문의 호떡이로다."

"그대와 함께 걷고 함께 행하며 서고 앉음에 항상 서로 거느리며 오랜 세월 함께했도다. 목마르면 마시고 배고프면 먹으며 항상 서로 대하니 머리를 돌이켜 다시 생각 말지어다."[111]

이처럼 부처님의 경전을 모신 곳에는 항상 꽃과 향으로 장엄하고 지극한 마음으로 공경하고 공양해야 한다는 말씀을 하십니다. 왜냐하면 부처님과 법보와 스님 곧 삼보가 계시는 곳은 중생들의 귀의처요, 산란한 마음이 쉴 곳이요, 스님들의 수행 공간이기 때문입니다.

최근 우리 사회에서 개발과 경제, 환경과 수행의 중요한 두 가지 가치 체계가 서로 부딪치는 많은 사례들을 보게 됩니다. 우선 눈앞에 보이는 경제적 가치를 볼 것이냐, 아니면 먼 훗날의 후손이 살아갈 터전을 보존할 것이냐, 종교적 존엄성과 진리의 위대함을 우선할 것이냐, 아니면 세속적 쾌락과 휴식 공간으로 개발할 것이냐를 두고 항상 선택해야 하는 어렵고 어려운 문제를 곳곳에서 만난다는 것입니다.

---

[111] "鎭州蘿蔔이요 雲門胡餠이로다" "與君同步又同行하니 起坐相將歲月長이로다 渴飮飢飡常對面하니 不須回首更思量이니라"

능정업장분能淨業障分
업장을 깨끗이 맑혀야 한다

16-1

"또한 수보리여! 이 경을 받고 지니고 읽고 외우는 선남자 선여인이 남에게 천대와 멸시를 당한다면 이 사람은 전생에 지은 죄업으로는 악도에 떨어져야 마땅하겠지만, 금생에 다른 사람의 천대와 멸시를 받았기 때문에 전생의 죄업이 소멸되고 반드시 가장 높고 바른 깨달음을 얻게 될 것이다.

復次須菩提야 善男子善女人이 受持讀誦此經호대 若爲
부차수보리 　선남자선여인 　수지독송차경 　　약위

人輕賤하면 是人이 先世罪業으로 應墮惡道언마는 以今世人
인경천 　　시인 　선세죄업 　　응타악도 　　　이금세인

이 輕賤故로 先世罪業이 則爲消滅하고 當得阿耨多羅三藐
경천고 　선세죄업 　즉위소멸 　　당득아 녹 다 라 삼 먁

三菩提하리라
삼 보 리

16-2

수보리여! 나는 연등부처님을 만나기 전 과거 한량없는 아
승지겁 동안 팔백 사천 만억 나유타의 여러 부처님을 만나 모
두 공양하고 받들어 섬기며 그냥 지나친 적이 없었음을 기억
한다. 만일 어떤 사람이 정법이 쇠퇴할 때 이 경을 잘 받고 지
니고 읽고 외워서 얻은 공덕에 비하면, 내가 여러 부처님께 공
양한 공덕은 백에 하나에도 미치지 못하고 천에 하나 만에 하
나 억에 하나에도 미치지 못하며 더 나아가서 어떤 셈이나 비
유로도 미치지 못한다.

須菩提야 我念過去無量阿僧祇劫이 於然燈佛前에 得値
수보리　아념과거무량아승지겁　어연등불전　득치

八百四千萬億那由他諸佛하야 悉皆供養承事하야 無空過
팔백사천만억나유타제불　실개공양승사　무공과

者호라 若復有人이 於後末世에 能受持讀誦此經하면 所得
자　약부유인　어후말세　능수지독송차경　소득

功德이 於我所供養諸佛功德으로 百分에 不及一이며 千萬
공덕　어아소공양제불공덕　백분　불급일　천만

億分과 乃至算數譬喩로 所不能及이니라
억분　내지산수비유　소불능급

16-3

수보리여! 선남자 선여인이 정법이 쇠퇴할 때 이 경을 받고

지니고 읽고 외워서 얻는 공덕을 내가 자세히 말한다면, 아마도 이 말을 듣는 이는 마음이 어지러워서 의심하고 믿지 않을 것이다. 수보리여! 이 경은 뜻이 불가사의하며 그 과보도 불가사의함을 알아야 한다."

須菩提야 若善男子善女人이 於後末世에 有受持讀誦此
수보리   약선남자선여인   어후말세   유수지독송차

經하는 所得功德을 我若具說者면 或有人聞하고 心則狂亂
경   소득공덕   아약구설자   혹유인문   심즉광란

하야 狐疑不信하리라 須菩提야 當知是經은 義도 不可思議며
     호의불신   수보리   당지시경   의   불가사의

果報도 亦不可思議니라
과보   역불가사의

강설

이 경을 지니는 공덕이 많다는 것은 앞에서 이미 여러 번의 비유로 말하였지만, 여기서는 부처님 자신이 과거에 많은 부처님을 모시고 섬겼던 공덕보다 말세에 누군가 이 경전을 믿고 수지하는 공덕이 더욱 뛰어나다고 하였습니다.

• 야보선사 :
'공덕은 헛되지 않는다.'는 뜻에 대하여,
"부처님께 억천 번을 공양하면 그 복 끝없지만 어찌 옛 가르침을 보는 것만 같으리오. 그대여, 청컨대 눈을 떠 앞을 보아라.

바람은 고요하고 물은 잔잔하니 집 떠난 사람이 고깃배에 있구나!"[112]

또 아승지阿僧祇는 asamkya이며 무수無數라 번역하니, 인도에서 많은 수효를 표시하는 단위의 하나이지요.

겁劫은 kalpa이며 시분時分이라 번역하니, 아주 오랜 세월을 표시하는 단위의 하나입니다. 고대 인도의 일반적 해석으로는 4억 3천 2백만 년이라 하고, 불교에서는 반석겁盤石劫과 개자겁芥子劫[113] 등 두 가지가 있는데, 『대지도론』 권5에 의하면 "사방 40리 되는 바위를 백 년마다 한 번씩 엷은 옷으로 스쳐서 마침내 그 바위가 닳아 없어지더라도 겁은 다하지 않는다."라고 하였답니다.

전생의 죄업은 참회를 통해 도道의 장애가 없어져야 수행을 하더라도 빨리 성불할 수 있습니다. 그래서 모든 기도나 성불을 위해서는 참회와 참법懺法을 통해 업장業障을 녹여야 하는 것입니다.

먼저 『장아함경』 제2권 「유행경遊行經」의 말씀을 보십시다.

"무릇 계를 범함으로써 다섯 가지 손해가 있다. 무엇을 다섯이라 하는가? 첫째, 재물을 구하지만 뜻대로 되지 않는다. 둘째, 비록 얻은 것이 있더라도 날로 점점 없어진다. 셋째, 이르는 곳마

---

112 "功不浪施""億千供佛福無邊 爭似常將古敎看 白紙上邊書黑字 請君開眼目前觀 風寂寂水漣漣 謝家人秖在魚船"

113 이 외에도 『법화경』에서는 진점겁塵點劫을 말한다. 삼천대천세계를 먹으로 갈아 만든 먹물을 1천 국토를 지날 때마다 한 방울씩 떨어뜨린다고 하고, 그 먹물이 다 없어질 때까지 지나온 모든 세계를 부수어 만든 수없는 먼지 하나하나를 1겁으로 한 그 모든 겁을 '3천 진점겁'이라 한다.

다 사람들의 존경을 받지 못한다. 넷째, 추한 이름과 나쁜 소문이 천하에 널리 퍼진다. 다섯째, 목숨을 마쳐 죽은 뒤에는 지옥에 떨어진다. …… 무릇 계를 지킴으로써 다섯 가지 공덕이 있다. 무엇을 다섯이라 하는가? 첫째, 모든 구하는 것이 뜻대로 된다. 둘째, 자기가 가진 재산이 더욱 늘어 손해가 되는 일이 없다. 셋째, 가는 곳마다 사람들의 존경과 사랑을 받는다. 넷째, 좋은 이름과 선한 칭찬이 천하에 두루 퍼진다. 다섯째, 목숨을 마쳐 죽은 뒤에는 천상에 태어난다.”

선화 이야기 24
양 무제가 죽은 왕비 치郗 씨를 참법으로 천도해 주다

대표적 참법懺法인 ‘자비도량참법’은 양梁나라 때 무제武帝가 황후 치郗 씨를 위하여 편집한 내용입니다. 양무제는 달마조사와의 소무공덕少無功德 이야기로 유명한 분입니다마는 진秦 시황始皇 이후 처음으로 중국을 통일했을 뿐만 아니라 불교를 도와준 대표적 황제로 유명한 분이죠.

어느 날 무제의 꿈에 치 씨가 나타나 생전에 후궁들을 질투한 업연業緣으로 구렁이의 몸을 받았으므로, 예전에 총애하시던 인연으로나마 천도薦度해 줄 것을 간절히 청합니다. 그리하여 무제는 의심하는 바 없이 곧 지공(誌公, 418~514)선사 등 큰스님들을 모시고 구제할 방법을 의논하여, 마침내 이 참법을 지어서 부처님께 예배하고 아울러 참회하면 그 업을 벗어날 수 있다고 권하니, 이에 응하여 10권으로 참회문을 짓고 예참하였습니다.

그러자 어느 날 궁전에 향기가 진동하면서 주위는 아름다워지고 천상 사람이 나타나 무제에게 예의를 단정히 차리고는 보이지 않았습니다. 오늘날까지 천여 년 동안 이 참회본을 얻어 지성으로 예참하면, 원하는 것은 모두 감응이 있었다고 합니다.

세상에는 악한 행위를 하는 사람들이 잘사는 것처럼 보이지만 마침내는 괴롭게 살다가 과보를 받고 나중에 참회의 눈물을 흘리는 경우를 자주 보게 됩니다.

부처님께서 『법구경』에 말씀하셨습니다.

"선한 사람도 선의 열매를 맺기 전에는 화를 만난다.
그러나 선의 열매가 익은 후에는 선한 사람은 복을 받는다.
악의 열매가 익기 전에는 악한 사람도 복을 받는다.
그러나 악의 열매가 익은 후에는 악한 사람은 반드시 화를 받는다."

같은 노력을 했는데도 어떤 이는 재벌이 되고 유명해지기도 하지만, 어떤 이는 열심히 노력하는 것은 오히려 더하지만 좋은 결과가 얻어지지 않는다면 이는 모두가 전생의 업장이 가로막기

때문일 것입니다. 재가 불자 중에 가장 모범적인 사례를 하나 들
어 볼까요!

선화 이야기 25

나의 모든 재산을 내놓으니 불교 중흥을 위해 써 달라

동국제강의 고故 장경호¹¹⁴ 회장이 이런 경우입니다. 거사는 훌
륭한 사업가로서 봄 여름 가을 세 철은 열심히 사업에 전념하고,
1925년부터 겨울이 오면 통도사 보광전普光殿에서 참선 수행에
열중했다고 합니다. 통도사 구하스님,¹¹⁵ 효봉, 향곡, 경봉선사¹¹⁶

---

114 장경호(張敬浩, 1899~1975) : 거사 실업가. 불교 대중화 운동의 선구자. 자호는
대원大圓. 1899년 9월 7일 부산 동래구 사중면 초량동에서 태어났다. 아버지는
장윤식張允植, 어머니는 문념이文念伊. 신심이 돈독했던 어머니를 따라 7세에
불교에 귀의했다. 3·1독립운동에 참가했다. 그 뒤 일경日警을 피해 친구 허정許
政과 함께 숨어 다니다가 일본으로 도피하고, 이듬해 귀국, 신앙이 더욱 깊어져
구하 천보로부터 법문을 듣고 선禪을 배웠다.

115 구하 천보(九河 天輔, 1872~1965) : 근대 스님. 호는 구하, 자호는 축산鷲山, 성
은 경주 김씨. 울주군蔚州郡 두동면 봉계리에서 출생. 13세(고종 21년, 1884)에
천성산千聖山 내원사 주관主管에게 출가하고 5년 후 경월 도일(慶月 道一)에
게 사미계를 받았다. 1890년 예천 용문사 용호 해주(龍湖 海珠, ~1887)에게 경
을 배우고, 후에 통도사로 돌아와 조석분수朝夕焚修에 전념하다. 스님은 특히
1910년 한일합방 후 몰래 임정총리 안창호安昌浩와 교유하며 독립군 군자금을
지원하였다.

116 경봉 정석(鏡峰 靖錫, 1892~1982) : 통도사 스님, 성해 남거(聖海 南炬)의 제
자. 경봉은 호, 시호詩號는 원광圓光, 본명은 김용국金鏞國. 밀양 사람. 1892년
(고종 29) 밀양군 부내면 계수동에서 출생. 7세에 밀양읍의 한문서당에서 한학
을 공부하였다. 15세에 양산 통도사 성해남거에게 출가하고 명신학교明新學校

등 당대 걸출한 선지식들과 함께 정진하였다고 전합니다. 그는 불전佛前에 맹서하기를 "상업에 종사하여 돈을 크게 벌어 불교에 바치겠다."라고 하였는데, 1954년 동국제강東國製鋼을 설립하고 사업에 성공하여 '불서보급사'를 설립하였고, 1970년 재단법인 대원정사를 설립하여 장학사업을 했습니다.

또 1975년 7월 당시 박정희朴正熙 대통령에게 편지를 보내 자신의 모든 사재私財 30억 6천만 원을 내놓으니 불교 중흥을 위해 써 달라는 부탁을 남기고 그해 9월 입적하셨으니, 이로 인해 1975년 8월 재단법인 '대한불교진흥원'이 설립되고, 1990년 5월 1일 그의 아들 장상문張相汶에 의해 개국한 불교방송(BBS)의 설립 기반이 된 것이지요. 아름다운 연꽃과 같이 살다 간 분이셨음을 기억하십시다.

위의 예와는 달리 하는 일마다 잘 안 되고 잘 한다고 노력하는데도 주위 사람들로부터 욕만 먹는 사람이 있습니다. 그런데 전생에 지은 죄가 『금강경』을 읽은 공덕으로 주위로부터 업신여김이나 경멸을 당하는 것으로 그친다면, 더욱더 발심하여 열심히

를 거쳐 1912년 해담海曇율사에게 구족계를 수지하다. 이후 『화엄경』의 '종일수타보終日數他寶 자무반전분自無半錢分'에서 격발되어 제방을 편력하며 당대의 선지식을 참방參訪하고 통도사 극락암에서 눕지 않고 앉아서 참선에 몰두, 마침내 36세인 1927년 11월 20일 삼경에 견촉무견燭舞하고 대도를 성취한다.

사경하거나 108배, 1000배, 아니 3000배로 정진할 일이지 부처님과의 인연이 없는 것으로 포기해서는 안 될 일입니다.

더구나 『법화경』에서는 전생에 『법화경』을 비방하고 믿지 않으면 다음 생에 아무리 열심히 노력하더라도 일이 잘 풀리지 않고 주위로부터 욕먹고, 심지어는 언청이, 절름발이, 지체부자유가 된다고 경고합니다. 또 『화엄경』에서는 다음과 같이 말합니다.

차라리 지옥의 고통 받으면서 부처님 명호 들을지언정
한량없는 낙을 받느라고 부처님 명호 못 들을까 보냐.

[寧受地獄苦언정 得聞諸佛名이언정

不受無量樂하야 而不聞佛名이로다] (수미게찬품 14)

차라리 수많은 세월을 온갖 고통 받을지라도
마침내 부처님의 자재한 위신력을 멀리하지 않겠노라.

[寧可恒具受 一切世間苦언정

終不遠如來하야 不覩自在力이로다] (도솔게찬품 24)

『맹자孟子』 고하장구告下章句 하下에 운云,

"하늘이 장차 이 사람에게 큰 임무를 맡길 때에는 반드시 먼저 그 심지心志를 괴롭게 하고, 그 살갗과 뼈를 괴롭게 하며, 그 신체와 피부를 앙상하게 하고, 그 몸을 궁핍하게 하며, 또한 그가 하는 일마다 어긋나고 뒤틀어지게 하는데, 그렇게 함으로써 그의 마음을 분발시키고 타고난 성정性情을 강인하게 만들며 그의 부족한 능력을 키워 주나니라."

[故天將降大任於是人也에 必先苦其心志하고 勞其筋骨하며 餓其體膚하며 空乏其身하고 行拂亂其所爲하야 所以로 動心忍性하고 曾益其所不能하나니라]

보통 사람이 이런 경계를 만나면 중도에 포기하는 것이 십중팔구이기 때문이죠. 마치 기독교의 설교하는 문장 같은 느낌이 들죠! 하지만 위의 『화엄경』 게송에서도 저처럼 열렬한 구도와 호법에의 열정이 숨 쉰다는 것을 기억하십시다. 그래서 대승경전을 '최상승 근기'에게 설하고 '지혜 있는 이'에게 설하라고 말하는 것입니다.

"수보리여! 선남자 선여인이 정법이 쇠퇴할 때 이 경을 받고 지니고 읽고 외워서 얻는 공덕을 내가 자세히 말한다면, 아마도 이 말을 듣는 이는 마음이 어지러워서 의심하고 믿지 않을 것이다. 수보리여! 이 경은 뜻이 불가사의하며 그 과보도 불가사의함을 알아야 한다."

• 야보선사 :
"각각의 눈썹은 눈 위에 가로놓여 있도다."
"좋은 약은 입에 쓰고 충신의 말은 귀에 거슬린다. 차고 더움을 스스로 아는 것은 고기가 물 마심과 같으니 어찌 모름지기 다

른 날에 용화세계를 기다리리오! 오늘 아침에 벌써 보리의 수기를 받았도다."¹¹⁷

---

117 "各各眉毛眼上橫이로다" "良藥은 苦口요 忠言은 逆耳라 冷暖自知가 如魚飮水로
다 何須他日에 待龍華리오 今朝에 先授菩提記로다"

수보리여! 간단하게 말하면
이 경에는 생각할 수도 없고 헤아릴 수도 없는 한없는 공덕이 있다.
여래는 대승에 나아가는 이를 위해 설하며
최상승에 나아가는 이를 위해 설한다.

金剛般若波羅蜜經

20
이색이상분
離色離相分

19
법계통화분
法界通化分

18
일체동관분
一體同觀分

17
구경무아분
究竟無我分

철저히 「내」가 없다

한 몸으로 동일하게 보다

법계를 모두 교화하다

사물도 떠나고 형상도 떠나다

⑰

구경무아분究竟無我分
철저히 '내'가 없다

(11) 머무르고 닦고 항복시킴도 결국 '내'가 아닌가 하는 의심
　　(단주수항복시아의斷住修降伏是我疑)

17-1

十五. 어증도시원리희동주於證道時遠離喜動住

　　이제십일부자섭장離第十一不自攝障

　그때 수보리가 부처님께 여쭈었습니다. "세존이시여! 가장 높고 바른 깨달음을 얻고자 하는 선남자 선여인은 어떻게 살아야 하며 어떻게 그 마음을 다스려야 합니까?" 부처님께서 수보리에게 말씀하셨습니다. "가장 높고 바른 깨달음을 얻고자 하는 선남자 선여인은 이러한 마음을 일으켜야 한다. '나는 일체중생을 열반에 들게 하리라. 일체중생을 열반에 들게 하였지만 실제로는 아무도 열반을 얻은 중생이 없다.' 왜냐하면 수보리여! 보살에게 자아가 있다는 관념, 개아가 있다는 관념, 중생이 있다는 관념, 영혼이 있다는 관념이 있다면 보살이 아니기 때문이다. 그것은 수보리여! 가장 높고 바른 깨달음에 나아가는 자라 할 법이 실제로 없는 까닭이다.

爾時에 須菩提가 白佛言하시되 世尊하 善男子善女人이 發
이시   수보리   백불언   세존   선남자선여인   발

阿耨多羅三藐三菩提心한이는 云何應住며 云何降伏其
아뇩다라삼먁삼보리심   운하응주   운하항복기

心하리잇고 佛告須菩提하사대 若善男子善女人이 發阿耨多
심   불고수보리   약선남자선여인   발아뇩다

羅三藐三菩提心者는 當生如是心이니 我應滅度一切衆
라삼먁삼보리심자   당생여시심   아응멸도일체중

生호리라 滅度一切衆生已하야는 而無有一衆生도 實滅度者
생   멸도일체중생이   이무유일중생   실멸도자

니라 何以故오 須菩提야 若菩薩이 有我相人相衆生相壽者
하이고   수보리   약보살   유아상인상중생상수자

相이면 則非菩薩이니라 所以者何오 須菩提야 實無有法發
상   즉비보살   소이자하   수보리   실무유법발

阿耨多羅三藐三菩提者니라
아뇩다라삼먁삼보리자

강설

이제 열한 번째의 의심을 말할 차례입니다. (11) 머무르고 닦고
항복시킴도 결국 '내'가 아닌가 하는 의심이니, 아상 등이 없으
려면 '내'가 없어야 하리니 '내'가 없으면 도대체 머무르고 닦고
항복시키는 주체[118]는 누구인가 하는 의심을 말한 것입니다. 경

---

118 제15 어증도시원리희동주於證道時遠離喜動住이니 곧 도를 증득할 때 기뻐 날뛰
는 허물을 멀리 여읜 지위입니다. 제17 구경무아분究竟無我分 처음에 "云何應住
云何降伏"으로 시작하여 문답한 대목입니다. 내가 머무르고 내가 항복시킨다는 생
각이 있으면 희동喜動이며 산심散心인데, 그런 생각을 막아 주시어 희동과 산심을
여읜다. 그리고 지위로는 4가행加行 중 난위煖位와 정위頂位에 해당하니 정신을

문을 먼저 보십시다.

• 야보선사 :

"저 하나마저 없는데 또 어찌 얻으리오."

"홀로 소연히 방 하나가 공한 데 앉았으나 다시 남북과 동서도 없음이라, 비록 그렇게 화창한 봄날의 힘을 빌리지 않았지만 복숭아꽃이 온통 붉음은 어이하리오."**119**

그러므로 중생을 모두 열반에 이르도록 제도하면서도 제도했다는 생각이 없고, 평생 자식 교육을 시켰더라도 내가 키웠다는 생각을 잊어버려야 하며, 남편과 처음에는 사랑으로 맺어졌더라도 나중에 늙어서 계속 사랑받으리라는 착각을 하지 말자는 말이지요.

어떤 법사님은 "나는 어릴 때에는 애들이 흔한 세상이어서 대접을 받지 못했고, 내가 노인이 되고 보니 이제는 노인이 너무 흔해서 또 대접 못 받는 세상이 되어 버렸습니다. 너무 억울해요!"라고 하더군요. 도 닦는 스님도 이렇게 억울한데 평생 먹이고 입히고 키운 자식놈이 늙은 부모를 모른 척하면 참 나쁜 세상이겠지요. 하지만 어쩌겠습니까? 본래 진리가 그런 건데 말이지요. 참으면서 절에 와서 마음 수행이나 할밖에요!

집중시키는 가행 공부입니다.
119 "少他一分인들 又爭得이리오" "獨坐翛然一室空하니 更無南北與西東이라 雖然不借陽和力이나 爭奈桃花一樣紅이리오"

선화 이야기 26

부모를 두고 출가를 결행한 복타밀다존자, 현사玄沙스님

세상에는 부모를 봉양하지 않으려는 풍조가 있기도 하지만, 간혹 부모가 마음에 걸려 출가수행을 못하는 경우도 있습니다. 전에 저도 행자行者 지도를 해 본 적이 있는데, 행자 생활도 열심히 하고 출가인으로 갖추어야 할 덕성도 나무랄 데가 없음에도 불구하고 가족 부양 문제 때문에 수행을 포기하는 사례도 많이 있었습니다. 역사적으로도 제9조 복타밀다伏馱蜜多존자[120]는 출가할 무렵에 부모가 걸림돌이 되어 출가를 하지 못하다가, 제8조 불타난제佛陀難提존자를 만나 그 문제를 해결하고 출가했습니다.

『전등록』의 내용을 봅시다.

장자가 말하기를 "나에게 복타밀다라는 외아들이 있는데 나이가 이미 50이 되었건만 아직 말도 못하고 걷지도 못합니다."라고 하자, 존자가 대답하기를 "그대의 말이 옳다. 그가 참으로 나의 제자이다."라고 했습니다. 존자가 그를 보니 벌떡 일어나 절을 하고는 게송을 말했어요.

부모비아친父母非我親　수시최친자誰是最親者
제불비아도諸佛非我道　수위최도자誰爲最道者

---

120 『전등록』권1 제8조 불타난제장佛陀難提章의 내용이다. (대정장 권51 p. 208)

부모도 나와 친한 이가 아니니
누가 가장 친한 사람인가요?
부처님이라 해도 나의 도가 아니니
누가 가장 거룩한 도입니까?

존자가 게송으로 답했습니다.

여언여심친汝言與心親　부모비가비父母非可比
여행여도합汝行與道合　제불심즉시諸佛心卽是
외구유상불外求有相佛　여여불상사與汝不相似
욕식여본심欲識汝本心　비합역비리非合亦非離

네 말이 마음과 친하다면 부모에 견줄 바가 아니요
네 행이 도와 합한다면 부처님이란 바로 네 마음일 것이다.
밖으로 형상 있는 부처를 구한다면 너와는 비슷하지도 않으리니
너의 근본 마음을 알려고 한다면 합하지도 않고 여의지도 않으리라.

또 현사 사비선사[121]는 출가 전에 홀아버지를 봉양하며 살았는

---

121 현사 사비(玄沙 師備, 835~908) : 당대唐代 스님. 청원하靑原下, 민현(閩縣, 복
　　건성) 사람. 성은 사謝씨. 어려서 남태강南台江에서 고기 잡는 업을 하다가, 함
　　통咸通 초년 어느 날 문득 발심하여 부용산芙蓉山 영훈靈訓에게 출가하였다.
　　동 5연(864) 봄, 예장豫章 개원사開元寺 도현율사道玄律師에게 수구受具하고
　　향리에 돌아가 수행에 힘썼다. 『능엄경楞嚴經』을 보다가 크게 깨닫고는 866년
　　영훈靈訓의 스승인 설봉 의존(雪峰 義存, 821~908)을 찾아 배알하고 법을 이었
　　다.

데, 어업에 종사하던 그는 아버지와 함께 고기를 잡으러 남태강에 나갔다가 물에 빠진 아버지를 그대로 두고 돌아와서는 출가를 결행하였고, 비분강개한 열정으로 매우 열심히 정진해 수행을 빨리 끝내고 깨달음을 얻을 수 있었다고 합니다.

(12) 부처님의 인행도 보살이 아닌가 하는 의심
(단불인시유보살의斷佛因是有菩薩疑)

17-2

十六. 구불교수주求佛教授住 / 이제십이무교수장離第十二無教授障

수보리여! 그대 생각은 어떠한가? 여래가 연등부처님 처소에서 얻은 가장 높고 바른 깨달음이라 할 법이 있었는가?" "아닙니다, 세존이시여! 제가 부처님께서 말씀하신 뜻을 이해하기로는 부처님께서 연등부처님 처소에서 얻으신 가장 높고 바른 깨달음이라 할 법이 없습니다." 부처님께서 말씀하셨습니다. "그렇다, 그렇다. 수보리여! 여래가 가장 높고 바른 깨달음을 얻은 법이 실제로 없다. 수보리여! 여래가 가장 높고 바른 깨달음을 얻은 법이 있었다면 연등부처님께서 내게 '그대는 내세에 석가모니라는 이름의 부처가 될 것이다.'라고 수기하지 않았을 것이다. 가장 높고 바른 깨달음을 얻은 법이 실제로 없었으므로 연등부처님께서 내게 '그대는 내세에는 반드시 석가모니라는 이름의 부처가 될 것이다.'라고 수기하셨던 것이다.

須菩提야 於意云何오 如來가 於然燈佛所에 有法得阿耨
수보리   어의운하   여래   어연등불소   유법득아뇩

多羅三藐三菩提不아 不也니다 世尊하 如我解佛所說義컨댄
다라삼먁삼보리부 불야   세존   여아해불소설의

佛이 於然燈佛所에 無有法得阿耨多羅三藐三菩提니이다
불   어연등불소   무유법득아뇩다라삼먁삼보리

佛言하시되 如是如是하다 須菩提야 實無有法如來得阿耨
불언   여시여시   수보리   실무유법여래득아뇩

多羅三藐三菩提니라 須菩提야 若有法如來得阿耨多羅
다라삼먁삼보리   수보리   약유법여래득아뇩다라

三藐三菩提者인댄 然燈佛이 則不與我受記하시되 汝於來
삼먁삼보리자   연등불   즉불여아수기   여어래

世에 當得作佛호대 號釋迦牟尼어니와 以實無有法得阿耨
세   당득작불   호석가모니   이실무유법득아뇩

多羅三藐三菩提일새 是故로 然燈佛이 與我受記하사 作是
다라삼먁삼보리   시고   연등불   여아수기   작시

言하시되 汝於來世에 當得作佛하야 號釋迦牟尼라하시니라
언   여어래세   당득작불   호석가모니

강설

이제 (12) 부처님의 인행도 보살이 아닌가 하는 의심을 말할 순서입니다. 경문에는 연등불에게 과거 전생에 인행시에 부처님을 친근하고 공양하면서 수기 받은 사실[122]을 이야기합니다. 대

---

122 제16 구불교수주求佛敎授住이니 곧 부처님의 가르침을 구하는 지위입니다. 역시 구경무아분 중간의 "내가 연등불께 아뇩보리를 얻은 바가 있느냐?"를 문답하신 대목으로서, 부처님을 만나 얻은 바 없는 얻음[無所得之得]을 얻음으로써 모든 장애를 뚫고 바야흐로 10지地에 들어갈 준비가 끝나는 것이니, 지위로는 4가행 중 인위忍位와 세제일위世第一位에 해당합니다.

승불교는 '공덕성불功德成佛'이요 '만행성불萬行成佛'입니다. 선종에서 '견성성불見性成佛' 하는 문화를 말하지만 조금 다른 부분이 바로 이런 점입니다.

• 야보선사 :

"같은 침상에서 잠자지 않았으면 어찌 종이 옷[紙被]이 뚫어진 줄 알았으리오."

"북 치는 이와 비파 타는 이가 둘이 한 집에 모였도다. 그대는 버들 언덕을 거닐고 나는 나루터에서 잠자도다. 강 위에는 늦은 성근 비가 지나고 두어 봉우리의 푸른 빛은 하늘가 노을에 닿았도다."**123**

(13) 원인이 없다면 부처도 법도 없지 않을까 하는 의심
(단무인즉무불법의斷無因則無佛法疑)

17-3

  왜냐하면 여래는 모든 존재의 진실한 모습을 의미하기 때문이다. 어떤 사람이 '여래가 가장 높고 바른 깨달음을 얻었다.'고 말한다면, 수보리여! 여래가 가장 높고 바른 깨달음을 얻은 법이 실제로 없다. 수보리여! 여래가 얻은 가장 높고 바른 깨

---

123 "若不同床睡면 爭知紙被穿이리오" "打鼓弄琵琶가 相逢兩會家로다 君行楊柳岸하고 我宿渡頭沙로다 江上에 晚來疎雨過하니 數峰이 蒼翠接天霞로다"

깨달음에는 진실도 없고 거짓도 없다.

何以故오 如來者는 即諸法如義니라 若有人이 言如來得阿
하 이 고　여 래 자　즉 제 법 여 의　　약 유 인　언 여 래 득 아

耨多羅三藐三菩提라하면 須菩提야 實無有法佛得阿耨
녹 다 라 삼 먁 삼 보 리　　수 보 리　실 무 유 법 불 득 아 녹

多羅三藐三菩提하니 須菩提야 如來所得阿耨多羅三藐
다 라 삼 먁 삼 보 리　　수 보 리　여 래 소 득 아 녹 다 라 삼 먁

三菩提는 於是中에 無實無虛하니라
삼 보 리　어 시 중　무 실 무 허

17-4

그러므로 여래는 '일체법이 모두 불법이다.'라고 설한다. 수
보리여! 일체법이라 말한 것은 일체법이 아닌 까닭에 일체법
이라 말한다.

是故로 如來가 說一切法이 皆是佛法이라하노니 須菩提야 所
시 고　여 래　설 일 체 법　개 시 불 법　　　수 보 리　소

言一切法者는 即非一切法일새 是故로 名一切法이니라
언 일 체 법 자　즉 비 일 체 법　시 고　명 일 체 법

강설

이제 열세 번째 의심을 말할 차례입니다. (13) 원인이 없다면

부처도 법도 없지 않을까 하는 의심이니, 이처럼 여러 의심이 존재하는 것은 중생들의 근기가 모두 각각이어서 여러 가지로 벌어질 수 없는 의심을 하나하나 열거하는 것이라 생각하십시다. 이 열세 번째 의심은 위에서 '아상도 없고 법도 없고 보리도 없다.'고 하니, 중생들은 "보리는 부처를 짓게 하는 원인인데 어떻게 보리가 없다 하면, 그를 닦아 증득할 부처도 없을 것이요 따라서 부처님이 말씀하신 진리의 법도 없으리로다."라고 잘못 생각한다는 말입니다.

• 야보선사 :

"청빈은 범난(范丹, 후한의 선비)과 같지만 그 기개는 항우項羽와 같도다."

"위로는 한 조각 기와도 없고 아래로는 송곳 꽂을 데도 없도다. 해가 지고 달이 떠도 알 수 없구나! 이 누구인가? 아! 슬프다."[124]

법을 얻었으면서도 얻은 법에 집착이나 잘난 척하는 마음이 없어야 하고, 얻었다는 소득심이 없어야 진정으로 얻은 것이니, 이 때문에 도 닦기가 쉽지 않은 것입니다. 하지만 말법세상에 『금강경』 이야기를 듣고 청정한 믿음을 내는 이는 이 정도는 능히 해낼 사람들이라 하였습니다.

---

124 "貧似范丹이나 氣如項羽로다" "上無片瓦하고 下無卓錐로다 日往月來에 不知是誰오 噫라"

十七. 증도주證道住

　수보리여! 예컨대 사람의 몸이 매우 큰 것과 같다." 수보리가 말하였습니다. "세존이시여! 여래께서 사람의 몸이 매우 크다는 것은 큰 몸이 아니라고 설하셨으므로 큰 몸이라 말씀하셨습니다."

須菩提야 譬如人身長大하니라 須菩提言하시되 世尊하 如來
수보리　비여인신장대　　수보리언　　세존　여래

가 說人身長大가 則爲非大身일새 是名大身이니이다
　설인신장대　즉위비대신　　시명대신

강설

　'사람 몸이 매우 크다 함'이란 '장대한 보신'을 말합니다. 무착 보살의 18주처住處로 보면 제17 증도주證道住에 해당하는데, 곧 도를 증득하는 지위이지요. 역시 제17 구경무아분 중간 "비여인신장대譬如人身長大" 이하의 대목으로서 종성지種性智를 얻고 변행진여遍行眞如를 증득하여 장대한 보신報身을 이루니, 지위로는 십지十地 중 제1 환희지歡喜地에 해당합니다.

대수행인은 인과에 매昧하지 않으니라

백장 회해선사[125]께서 설법할 때마다 한 노인[126]이 와서 늘 대중들 뒤에서 열심히 듣고 있다가 대중이 물러가면 함께 물러가곤 하더니, 어느 날은 설법이 끝나 대중이 다 물러갔는데도 그 노인만은 남아 있었습니다. 백장선사께서 이상히 여겨 누구냐고 물으셨습니다. 그러자 노인 말이, "저는 사람이 아니올시다. 옛날 가섭불迦葉佛 당시에 이 절의 주지였습니다. 그때 어느 학인學人이 '대수행인大修行人은 인과因果에 떨어집니까, 안 떨어집니까?' 하고 묻기에 제가 '인과에 떨어지지 않느니라.' 하고 대답하였습니다. 그 때문에 5백 생 동안 여우의 몸이 되었으니, 선사께서 한 말씀으로 이 여우의 몸을 벗어나게 해 주시기를 청합니다." 하고, "대수행인은 인과에 떨어집니까, 안 떨어집니까?"라고 다시 물었습니다.

이때 백장선사께서 "인과에 매昧하지 않으니라."라고 가르치시자, 노인이 그 말끝에 대오大悟하여 인사하고 "제가 이미 벗어 버린 여우 몸이 뒷산에 있을 테니, 스님께서 죽은 승僧같이 장례를 치러 주시기 바랍니다." 하였습니다.

---

125 백장 회해(百丈 懷海, 720~814) : 마조 도일(馬祖 道一)선사의 법을 이어받았다. 백장선사는 스승 마조선사가 코를 비틀었을 때 처음 깨달음이 있었고, 그 후 마조선사로부터 한 할[一喝]을 듣고 3일 동안이나 귀를 먹고 재차 깨달음을 얻었다고 한다. 선종 승단僧團의 규율이라고 할 수 있는 「백장청규百丈淸規」를 지으신 분으로 유명하다.

126 전백장前百丈 : 중국의 선사들은 절이 있는 산 이름으로 호를 썼다. 따라서 여기서의 전 백장이란 오백 생 전 백장산 절의 주지였던 그 노인을 말한다.

백장선사께서 유나維那를 시켜 식후에 죽은 스님네 장례가 있다고 대중에게 고하게 하시니, 모두 평안하여 열반당涅槃堂에 한 사람의 병자도 없었는데 어째서 죽은 스님네 장례가 있다고 하느냐고 대중이 수군대었습니다. 공양 후 백장선사께서 대중을 데리고 뒷산 바위 밑에 이르러 지팡이로 죽은 여우를 끄집어내어 화장火葬을 하였습니다. 백장선사께서는 저녁에 법당에 나와 앞의 인연을 이야기하셨습니다.

이때 황벽스님(?~850)이 일어나, "고인古人이 잘못 대답하여 5백 생 동안 여우의 몸이 되었는데, 만약 잘못 대답하지 않았다면 무엇이 되었을까요?" 하니, 백장선사께서는 "앞으로 가까이 오라. 그대를 위해 가르쳐 주리라." 하셨습니다. 황벽이 가까이 나아가자마자 백장선사의 뺨을 한 대 후려치자, 백장선사께서 박수를 치고 웃으시며, "과연 그렇구나. 오랑캐의 수염은 붉다더니 붉은 수염 오랑캐가 있구나."라고 하셨습니다.

[백장야호百丈野狐_『벽암록』제2칙]

(14) 아무도 중생을 제도하거나 국토를 장엄하지 못할 것 아닌가 하는 의심
   (단무인도생엄토의斷無人度生嚴土疑)

17-6

十八. 상구불지주上求佛地住 : 一. 무상국토정구족無上國土淨具足

"수보리여! 보살도 역시 그러하다. '나는 반드시 한량없는

중생을 제도하리라.' 말한다면 보살이라 할 수 없다. 왜냐하면 수보리여! 보살이라 할 만한 법이 실제로 없기 때문이다. 그러므로 여래는 '모든 법에 자아도 없고, 개아도 없고, 중생도 없고, 영혼도 없다.'고 설한 것이다.

수보리여! 보살이 '나는 반드시 불국토를 장엄하리라.' 말한다면 이는 보살이라 할 수 없다. 왜냐하면 여래는 불국토를 장엄한다는 것은 장엄하는 것이 아니라고 설하였으므로 장엄한다고 말하기 때문이다.

須菩提야 菩薩도 亦如是하야 若作是言호대 我當滅度無量
수보리 보살 역여시 약작시언 아당멸도무량

衆生이라하면 則不名菩薩이니 何以故오 須菩提야 實無有法
중생 즉불명보살 하이고 수보리 실무유법

名爲菩薩이니라 是故로 佛說一切法이 無我無人無衆生無
명위보살 시고 불설일체법 무아무인무중생무

壽者라하노라 須菩提야 若菩薩이 作是言호대 我當莊嚴佛土
수자 수보리 약보살 작시언 아당장엄불토

라하면 是不名菩薩이니 何以故오 如來가 說莊嚴佛土者는 即
시불명보살 하이고 여래 설장엄불토자 즉

非莊嚴일새 是名莊嚴이니이다
비장엄 시명장엄

17-7

수보리여! 보살이 무아의 법에 통달한다면 여래는 이런 이를 진정한 보살이라 부른다."

須菩提야 若菩薩이 通達無我法者는 如來가 說名眞是菩
수보리　약보살　통달무아법자　여래　설명진시보

薩이니라
살

강설

　그러고는 (14) 아무도 중생을 제도하거나 국토를 장엄하지 못
할 것 아닌가 하는 의심을 말합니다. 앞의 (12) 부처님의 인행도
보살이 아닌가 하는 의심에서 "실로 아뇩다라삼먁삼보리를 얻
은 것이 없다."라고 하였으므로 그렇다면 '누가 깨닫고 누가 세
상을 장엄하는 보살이 되겠는가?'[127] 하는 의심이 일어날 수 있
다는 말입니다. 그런데 앞에서는 부처님의 성불과 중생제도를
말씀하였고 여기서는 주로 보살들의 발심과 수행에 대한 의문을
말씀하신 내용으로 이해해야 합니다.

　• 야보선사 :

　"부유하면 천 개의 입도 적다고 싫어하지만 가난하면 한 몸도
많다고 한탄한다네."

　"생애가 꿈과 같고 뜬구름과 같으니 살 길을 모두 잃어 육친이

127　제18 상구불지주上求佛地住이니 위로 불지를 구해 들어가는 지위입니다. 역시
　　구경무아분 끝부분의 "我當莊嚴佛土 是不名菩薩" 이하 정종분 끝까지의 법문으
　　로서, 다음과 같이 여섯 단계로 나누어 불지를 향해 들어갑니다. 첫째, 위없는
　　국토의 청정이 구족한 단계[無上國土淨具足]입니다. 역시 구경무아분 끝부분의
　　"須菩提 若菩薩作是言 我當莊嚴佛土"에서 "如來說名眞是菩薩"까지의 법문으로
　　서 보살이 불위佛位를 향해 출발하기 위해서는 청정국토가 필수적이기 때문입
　　니다. 둘째, 위없는 견해와 지의 청정함이 구족한 단계[無上見智淨具足]입니다.

끊어졌구나. 오직 한 쌍의 청백안青白眼을 얻어서 무한한 왕래인
을 웃으며 보도다."**128**

"그러므로 여래는 '일체법이 모두 불법이다.'라고 설한다. 수
보리여! 일체법이라 말한 것은 일체법이 아닌 까닭에 일체법
이라 말한다."

선화 이야기 28

명명백초두明明百草頭에 명명조사의明明祖師意로다

• 야보선사 :

"분명하고 분명하게도 백 가지 풀끝마다 분명하고 분명한 조
사의 뜻이 있구나!"

"준순주逡巡酒를 만들 줄 알고 경각화頃刻花를 잘 피우도다. 거문
고로 벽옥의 곡조를 타고 화로에 백주사白硃砂를 단련하도다. 몇
가지 기량을 어디서 배웠는가? 모름지기 풍류가 자기 집에서 흘
러남을 믿을지어다."**129**

---

128 "富嫌千口少요 貧恨一身多로다" "生涯如夢若淨雲하니 活計都無絶六親이로다
留得一雙靑白眼하야 笑看無限往來人이로다"
129 "明明百草頭에 明明祖師意로다" "會造逡巡酒하고 能開頃刻花로다 琴彈碧玉調
요 爐煉白硃砂로다 幾般伎俩을 從何得고 須信風流出當家니라"
　　여기서 준순주와 경각화는 『팔선열전八仙列傳』에 나오는 신선이 즉석에서 만들

야보선사의 법문 중 앞부분은 방거사 부인의 어록이지요. 방거사의 가족은 모두 도인이었다고 전합니다. 가족 모두가 생사의 일을 마친 선지식이었답니다. 그중 방거사의 부인은 "백 가지 풀 끝마다 분명한 조사의 뜻[明明百草頭 明明祖師意]"이라 하였고, 방거사의 딸 영조는 "쉽지도 않고 어렵지도 않으니 주리면 밥 먹고 곤하면 잠을 잔다[야불난야불이也不難也不易니 기래끽반곤래수飢來喫飯困來睡로다]." 라고 하여 일상의 평상심이 도임을 말했습니다.

"수보리여! 보살도 역시 그러하다. '나는 반드시 한량없는 중생을 제도하리라.' 말한다면 보살이라 할 수 없다. 왜냐하면 수보리여! 보살이라 할 만한 법이 실제로 없기 때문이다. 그러므로 여래는 '모든 법에 자아도 없고, 개아도 없고, 중생도 없고, 영혼도 없다.'고 설한 것이다."

• 야보선사 :

"소라고 부르면 곧 소이고, 말이라 부르면 곧 말이로다."

"노파의 적삼을 빌려 입고 노파의 문 앞에서 절을 하니 예의가 법도에 맞음이 이미 충분하구나. 대 그림자 뜰을 쓸어도 티끌은

어 낸 천상의 술과 꽃을 말한다.

움직이지 않고 달빛이 연못을 뚫어도 물은 흔적조차 없도다."[130]

그러고는 이렇게 말합니다.

"수보리여! 보살이 '나는 반드시 불국토를 장엄하리라.' 말한다면 이는 보살이라 할 수 없다. 왜냐하면 여래는 불국토를 장엄한다는 것은 장엄하는 것이 아니라고 설하였으므로 장엄한다고 말하기 때문이다. 수보리여! 보살이 무아의 법에 통달한다면 여래는 이런 이를 진정한 보살이라 부른다."

강설

참으로 요즘 같은 시대에 『금강경』의 이런 말씀을 대할 수 있다는 것이 얼마나 다행인지 모릅니다. 모든 일을 다 행하면서도 남 앞에서 나를 낮추고 그들과 하나 될 수 있는 인격이 바로 『금강경』에서 추구하는 진실한 보살의 인격일 것입니다.

• 야보선사 :
"일물一物이라 해도 맞지 않는다."
"하늘이 뛰어난 6척의 몸을 낳으시니 문장도 능하고 무예도 능하며 경서도 잘하도다. 하루아침에 본래면목을 알아 깨뜨리니

---

130 "喚牛卽牛요 呼馬卽馬로다" "借婆衫子拜婆門하니 禮數周旋已十分이라 竹影이
掃階塵不動이요 月穿潭底水無痕이로다"

바야흐로 부질없는 이름들이 천하에 가득함을 믿겠도다."[131]

【 조사관과 조사선 】

여기서 조사관과 조사선에 대해 알아봅시다.

'조사관祖師關'이란 말이 문헌으로 처음 나타난 곳은, 1229년에 찬술 간행된 선서인 『무문관無門關』 제1칙則이라 합니다. 이로써 '조사관'이라는 말이 우리나라 선종 사찰에서 두루 쓰인 시기는 고려 중엽에서 말기가 마땅할 것입니다. 이 무렵에 살았던 야운 스님, 곧 권단權旦이란 분이 자경문의 저자란 말에는 강한 설득력이 있다고 봅니다. 조사관은 조사祖師가 반드시 통과해야 하는 관문으로 화두話頭 역시 관문의 하나로, 만일 이 관문을 통과하지 않으면 조사祖師라고 할 수 없습니다. 이 관문을 뚫어야 비로소 마음 길[心行處]이 끊어진 미묘한 깨달음[妙悟]을 얻고 역대 조사들과 손을 맞잡으며 조도祖道의 길을 함께 걸을 수 있을 것입니다.

또 조사선은 남종선南宗禪을 가리키는데 여래선如來禪이란 말과 상대되는 말입니다. 특히 선종에서는 초조 달마(初祖 達摩)스님 이래 육조 혜능(六祖 慧能)스님에 이르러서 이후 가히 '선종의 황금시대'라고 일컫는 오가칠종五家七宗의 기라성 같은 선사가 쏟아져 나온 시대를 가리킵니다.

---

131 "喚作一物이라도 卽不中이니라" "天産英靈六尺軀하니 能文能武經書로다 一朝에 識破孃生面하니 方信閑名이 滿五湖로다"

선의 특성은 장경藏經에 의지하는 교종과는 달리 불립문자不立文字로서 교외별전敎外別傳이라는 말로 표현하는데, 언어 문자에 의존하지 않고[不依言語] 직접 선지식인 사부師父가 제자에게 전傳하는 방법으로, 조조상전祖祖相傳의 방법을 씁니다. 이와 같이 조사가 직접 제자의 견성성불見性成佛을 알아차리고 마음에서 마음으로 바로 전하여 인가하는 까닭에 조사선이라 주장합니다. 한편『선원제전집도서禪源諸詮集都序』에서 규봉 종밀(圭峰 宗密, 780~841)선사는 선정 삼매로 얻은 바의 깊고 낮음에 따라 다섯 종류로 선을 나누었습니다.

① 외도선外道禪 : 유무有無에 집착한 외도는, 진성眞性 근본의 입장에서는 불구부정不垢不淨하여 범부와 성인의 차이가 없지만 선 수행의 입장에서는 유천유심有淺有深의 단계가 있다고 계교하여 위 깊음을 좋아하고 아래 낮음을 싫어하여 수행합니다.

② 범부선凡夫禪 : 인과因果를 믿어서 마음에 좋아함과 싫어함을 남겨 두고 수행합니다.

③ 소승선小乘禪 : 아공我空의 한쪽 진리眞理를 깨달아 수행합니다.

④ 대승선大乘禪 : 아공我空, 법공法空의 2공을 깨닫고 진리를 드러내어 수행합니다.

⑤ 최상승선最上乘禪 또는 여래선如來禪 : 경전의 뜻과 같이, 자기 마음이 본래 청정하여 원래 번뇌가 없으며 무루無漏의 지성智性이 본래부터 갖추어져 있음을 헤아려서, 이 마음이 바로

부처라는 입장에서 수행합니다.

선종 스님들은 최상승선만이 달마達摩스님이 전한 선禪이고 그 외는 달마스님이 전한 선이 아니라고 주장하기도 합니다. 따라서 종밀스님의 다섯 종류 선에서 여래선이란 말은 최상승선이란 말로 쓸 수가 없다고 합니다. 다섯 종류의 선은 다섯 종류의 맛이 뒤섞인 잡된 선이라는 혹평을 하는데, 아직도 알음알이인 의리義理 명상名相에 걸려 있는 오염된 여래선과 달마스님이 전한 청정한 선과의 차이가 크다는 것이지요.

그런데 처음 여래선如來禪이란 말은 앙산 혜적(仰山 慧寂, 803~887)스님으로부터 비롯되는데, 다음은 『경덕전등록景德傳燈錄』 권11 「앙산혜적 장章」에 나오는 내용입니다.

선화 이야기 29

금년 가난에는 꽂을 송곳조차 없구먼

앙산仰山스님이 향엄스님[132]에게 물었습니다.

---

132 향엄 지한(香嚴 智閑, ~898) : 당대唐代 남악하 위산 영우(潙山 靈祐)의 제자. 백장百丈에 의지해 출가하여 곧 위산에게 참예하여 부모미생전父母未生前의 일구一句를 대답하지 못하고, 남양南陽의 무당산武當山에 있는 혜충국사의 옛 터에 암거菴居하다가 어느 날 정전庭前에서 소제하다가 와력瓦礫이 대나무에 부딪치는 소리를 듣고 계오하고는 위산의 법을 이었다.

"사제의 견처見處가 요즘 어떠한가?"

향엄스님이 대답합니다.

"제가 갑자기 말을 할 수가 없습니다." 하고 게송을 지었어요.

거년빈 미시빈去年貧 未是貧

금년빈 시시빈今年貧 始是貧

거년빈 무탁추지지去年貧 無卓錐之地

금년빈 추야무今年貧 錐也無

작년 가난은 가난이 아니었다네.

금년 가난이 진짜 가난이라오.

작년 가난에는 송곳 꽂을 땅이 없었지만

금년 가난에는 꽂을 송곳조차 없구먼.

이를 보고 앙산스님이 말하였어요.

"자네는 여래선을 얻은 게야. 아직 조사선은 멀었다네!"

이에 향엄스님이 다시 게송을 읊었습니다.

아유일기我有一機   순목시이瞬目示伊

약인불회若人不會   별환사미別喚沙彌

나에게 한 기틀이 있으니

눈을 깜짝여 그에게 보였다가

만약에 알아채지 못한다면

따로 사미를 부르리라.

이에 앙산스님이 돌아와 위산潙山스님에게 알렸지요.
"기뻐하십시오, 지한 사제가 조사선을 깨쳤습니다."

🎵

위의 게송 중에 거년빈去年貧 송은 여래선如來禪의 경지요, 아래 아유일기我有一機 송은 조사선祖師禪의 경지라고 평하지만, 그것도 분별심이라는 생각이 듭니다. 차라리 요즈음 '생명과 환경 평화'를 부르짖는 현세대의 대표적인 두 스님을 예로 들어 본다면, 생명 평화 탁발托鉢 순례에 나선 도법스님은 여래선의 경지요, 천성산 도롱뇽을 지키기 위해 목숨을 초개草芥와 같이 버릴 각오로 100일 단식斷食을 통해 생명 평화를 온몸으로 보여 준 지율스님은 조사선의 경지라 하는 것이 더욱 설득력이 있지 않을까요!

18

일체동관분 一體同觀分
한 몸으로 동일하게 보다

(15) 그렇다면 부처님들도 법을 보지 못했을 것이 아닌가 하는 의심
(단제불불견제법의 斷諸佛不見諸法疑)

18-1

十八. 상구불지주 上求佛地住 : 二. 무상견지정구족 無上見智淨具足

"수보리여! 그대 생각은 어떠한가? 여래에게 육안이 있는가?" "그렇습니다, 세존이시여! 여래에게는 육안이 있습니다." "수보리여! 그대 생각은 어떠한가? 여래에게 천안이 있는가?" "그렇습니다, 세존이시여! 여래에게는 천안이 있습니다." "수보리여! 그대 생각은 어떠한가? 여래에게 혜안이 있는가?" "그렇습니다, 세존이시여! 여래에게는 혜안이 있습니다." "수보리여! 그대 생각은 어떠한가? 여래에게 법안이 있는가?" "그렇습니다, 세존이시여! 여래에게는 법안이 있습니다." "수보리여! 그대 생각은 어떠한가? 여래에게 불안이 있는가?" "그렇습니다, 세존이시여! 여래에게는 불안이 있습니다."

須菩提야 於意云何오 如來有肉眼不아 如是니다 世尊하 如
수보리　어의운하　여래유육안부　여시　세존　여

來有肉眼이니이다 須菩提야 於意云何오 如來有天眼不아
래 유 육 안   수 보 리   어 의 운 하   여 래 유 천 안 부

如是니이다 世尊하 如來有天眼이니이다 須菩提야 於意云何오
여 시   세 존 여 래 유 천 안   수 보 리   어 의 운 하

如來有慧眼不아 如是니이다 世尊하 如來有慧眼이니이다 須菩
여 래 유 혜 안 부 여 시   세 존 여 래 유 혜 안   수 보

提야 於意云何오 如來有法眼不아 如是니이다 世尊하 如來有
리 어 의 운 하 여 래 유 법 안 부 여 시   세 존 여 래 유

法眼이니이다 須菩提야 於意云何오 如來有佛眼不아 如是니이다
법 안   수 보 리   어 의 운 하   여 래 유 불 안 부 여 시

世尊하 如來有佛眼이라
세 존 여 래 유 불 안

강설

무위법이 곧 불법이라면 (15) **그렇다면 부처님들도 법을 보지
못했을 것이 아닌가 하는 의심**을 하게 된다는 것을 전제로 다음
경문을 보십시다.

이처럼 부처님은 우리처럼 단순한 육안肉眼만 가진 것이 아닙
니다. 다섯 가지 눈[五眼]을 통해 세상을 제대로 판단하고 중생을
제도할 수 있는 능력을 갖추신 분입니다.[133] 그러므로 부처님의
거룩한 눈으로 살펴보시니 앙굴리마라 같은 살인마도 제도하여

---

133 『금강경』 규봉소圭峰疏에서는 ① 육안肉眼은 能見人中無數世界요(범부의 눈)
② 천안天眼은 能見諸天所有細色이요(2승의 눈) ③ 혜안慧眼은 以根本智로 照
眞理요(2승의 혜안; 能見我空, 보살의 혜안; 아공과 법공의 일부) ④ 법안法眼
은 以後得智 說法度人이요(보살의 법안; 중생을 제도하되 지위마다 제도 못하
는 중생이 약간 있다) ⑤ 불안佛眼은 능히 부처님의 열 가지 능력을 모두 본다
(能見如來十力)고 하였다.

제자로 받을 수 있었던 것입니다. 여기서 육안은 우리의 눈과 같은 것을 말하고, 천안은 초인적인 눈이니 아주 먼 세계를 꿰뚫어 볼 수 있는 눈이요, 혜안은 참된 근본 지혜[根本智]로써 진리를 분명히 밝게 보는 눈을 말하고, 법안은 후천적으로 얻는 지혜[後得智]로써 중생 교화에 능숙한 방편을 갖춘 눈이요, 불안은 불성이 끝까지 원만해진 궁극의 눈이니 부처님만이 갖추신 눈을 말합니다. 여기서 보살의 혜안은 아공我空과 법공法空의 일부를 알고 보살의 법안은 중생을 교화하되 지위마다 못다 제도한 중생이 조금 있으며, 부처님의 법안은 모든 중생을 몽땅 제도하시므로 이런 모든 능력을 함께 갖춘 눈을 불안佛眼이라 합니다.

『화엄경』「이세간품離世間品」에서는 열 가지 눈에 대해 말합니다. "이른바 ① 살 눈이니 모든 빛을 보는 까닭이다. ② 하늘 눈이니 일체중생의 마음을 본다. ③ 지혜의 눈이니 일체중생의 여러 근의 경계를 본다. ④ 법 눈이니 모든 법의 실다운 모양을 본다. ⑤ 부처 눈이니 여래의 열 가지 힘을 본다. ⑥ 슬기의 눈[智眼]이니 모든 법을 알고 본다. ⑦ 광명의 눈[光明眼]이니 부처의 광명을 본다. ⑧ 생사에서 뛰어난 눈[出生死眼]이니 열반을 본다. ⑨ 걸림 없는 눈[無礙眼]이니 보는 바가 걸림 없는 까닭이다. ⑩ 온갖 지혜의 눈[一切智眼]이니 넓은 문의 법계를 보는 까닭이다."라고 하였습니다.

위의 내용을 종합해서 말하면 "여래의 눈은 불안으로서의 육안과 천안이니 삼천대천세계를 환히 보시고, 혜안은 3공三空의 이치를 꿰뚫어 보시고, 법안은 모든 중생을 다 제도하신다."[134]
라는 뜻으로 이해해야 합니다.

선화 이야기 30
대비관음보살의 어느 눈이 진짜 눈인가

'어록의 왕'이라 하는 『임제록』에 다음과 같이 전해집니다.

임제선사(?~867)가 어느 날 하부에 가서 왕상시王常侍가 법문을
청함으로 인해 법좌에 올랐습니다. 그때에 마곡麻谷스님이 대중
속에서 나와 여쭙기를 "(저기 계신) 대비관음보살의 천 개의 눈 중
에 어느 것이 바른 눈인가?"라고 하였습니다.

임제선사가 이르기를 "대비관음보살의 천 개의 눈 중에 어느
것이 바른 눈인가? 빨리빨리 말하라."라고 하자, 마곡스님이 선
사를 자리에서 끌어내리고는 그 자리에 앉았어요.

선사가 마곡 앞에 다가가 말했어요. "안녕하세요." 마곡이 우

---

134 제18 상구불지주上求佛地住이니 위로 불지를 구해 들어가는 지위입니다. 역시
구경무아분 끝부분의 "我當莊嚴佛土 是不名菩薩" 이하 정종분 끝까지의 법문
으로서, 다음과 같이 여섯 단계로 나누어 불지를 향해 들어갑니다. 둘째, 위없
는 견해와 지의 청정함이 구족한 단계[無上見智淨具足]입니다. 제18 일체동관
분一體同觀分의 법문으로서 부처님에게만 있는 공덕이므로 위없다[無上] 하였
고, 눈으로 보시고 지혜로 아시기 때문에 견지정見智淨이라 했는데, 이들이 모
두 구족하다는 것입니다. 셋째, 위없는 복과 자재함이 구족한 단계[無上福自在
具足]입니다.

물쭈물거리니, 선사가 다시 마곡을 법좌에서 끌어내리고는 법좌에 앉으셨어요. 마곡스님이 밖으로 나가 버리니 선사 또한 바로 나가시었습니다."[135]

이런 내용을 재미있다고 해야 할까요? 천둥소리가 들리지 않습니까?

　🌑

18-2

"수보리여! 그대 생각은 어떠한가? 여래는 항하의 모래에 대해서 설하였는가?" "그렇습니다, 세존이시여! 여래는 이 모래에 대해 설하셨습니다." "수보리여! 그대 생각은 어떠한가? 한 항하의 모래와 같이 이런 모래만큼의 항하가 있고 이 여러 항하의 모래 수만큼 부처님 세계가 그만큼 있다면 진정 많다고 하겠는가?" "매우 많습니다, 세존이시여!" 부처님께서 수보리에게 말씀하셨습니다. "그 국토에 있는 중생의 여러 가지 마음을 여래는 다 안다. 왜냐하면 여래는 여러 가지 마음이 모두 다 마음이 아니라 설하였으므로 마음이라 말하기 때문이다.

---

135 "師因一日에 到河府한대 府主王常侍가 請師陞座하니라 時에 麻谷出問, 大悲千手眼에 那箇是正眼고 師云, 大悲千手眼에 那箇是正眼고 速道速道하라 麻谷이 拽師下座하고 麻谷이 却坐하니 師近前云, 不審이로다 麻谷이 擬議한대 師亦拽麻谷下座하고 師却坐라 麻谷이 便出去어늘 師便下座하니라"

須菩提야 於意云何오 如恒河中所有沙를 佛說是沙不아
수보리　어의운하　여항하중소유사　불설시사부

如是니다 世尊하 如來가 說是沙니이다 須菩提야 於意云何오
여시　세존　여래　설시사　수보리　어의운하

如一恒河中所有沙하야 有如是等恒河어든 是諸恒河所有
여일항하중소유사　유여시등항하　시제항하소유

沙數佛世界가 如是寧爲多不아 甚多니다 世尊하 佛告須菩提
사수불세계　여시영위다부　심다　세존　불고수보리

하시되 爾所國土中所有衆生의 若干種心을 如來悉知하노니
이소국토중소유중생　약간종심　여래실지

何以故오 如來가 說諸心이 皆爲非心일새 是名爲心이니
하이고　여래　설제심　개위비심　시명위심

18-3

그것은 수보리여! 과거의 마음도 얻을 수 없고 현재의 마음
도 얻을 수 없고 미래의 마음도 얻을 수 없는 까닭이다."

所以者何오 須菩提야 過去心不可得이며 現在心不可得이며
소이자하　수보리　과거심불가득　현재심불가득

未來心不可得이니라
미래심불가득

강설

위의 내용처럼 『금강경』은 설법 내용이 간단한 것 같으면서도
곳곳이 지뢰투성이입니다. 여래께서 말한 마음[諸心]은 허망한 마

음[妄心]이요, 마음이 아니라[非心] 말한 것은 망심은 실체가 없기 때문[妄心無實體故]입니다. 허망한 마음은 공하여 실체가 없는 곳에 참마음은 변함이 없으므로 마음이라[是名爲心] 합니다.

"왜냐하면 여래는 여러 가지 마음이 모두 다 마음이 아니라 설하였으므로 마음이라 말하기 때문이다. 그것은 수보리여! 과거의 마음도 얻을 수 없고 현재의 마음도 얻을 수 없고 미래의 마음도 얻을 수 없는 까닭이다."

선화 이야기 31
스님은 과거 현재 미래 어느 마음에 점심하시겠소?

위의 '불가득不可得'에 대해서는 당나라 때 덕산스님[136]의 이야기가 유명합니다. 덕산은 일명 '주금강周金剛'이라 할 정도로 『금강경』 전문가입니다. 남방의 선사들을 혼내 주려고 길을 떠난 스님은 풍주豊州 땅을 지나가던 중 점심 때가 되어 떡을 사 먹으려

---

136 덕산 선감(德山 宣鑑, 780~865) : 당대 청원하青原下. 검남(劍南, 사천성) 사람. 성은 주周씨. 율律과 성상性相을 공부하고 『금강경』에 정통하여 '주금강周金剛'이라 칭하였다. 남방선南方禪을 논파論破하다가 선禪에 뜻을 두고 용담 숭신(龍潭 崇信, 천황 도오의 제자)을 참예하여(용담지촉龍潭紙燭) 법을 이었다.

하였는데, 떡장수 노파가 물었습니다.

"『금강경』에 과거심 불가득 현재심 불가득 미래심 불가득이라 하였는데, 스님은 어느 마음에 점심하시겠소?"

"……."

"스님은 『금강경』 연구만 하지 마시고 용담龍潭스님(천황 도오天皇 道悟[137]의 제자)을 찾아가 보세요!"

그 소리를 듣고 암자로 찾아가서 말하였지요.

"용담에 왔는데 못도 보이지 않고 용도 보이지 않는구나[담우불 견潭又不見 용우불견龍又不見]." 하니, 늙수그레한 한 노장이 "자네가 참 으로 용담에 이르렀네[자친도용담子親到龍潭]." 하였어요.

두 사람이 이윽고 방에서 담소를 나누다 헤어질 때가 되어 용 담스님이 "밖이 어두우니 불을 가져가시게." 하면서 종이에 불 을 붙여 건네주었어요. 그런데 덕산이 받아 든 순간 촛불을 훅 불어 꺼 버렸어요[龍潭紙燭]. 갑자기 칠흑같이 어두워진 그 순간, 덕 산스님의 마음이 활연히 밝아져 깨달았다는 고사故事입니다.

암자로 돌아온 다음 날 덕산 왈曰,

"부처님의 설법과 같은 변론을 통달하고 있더라도

---

137 천황 도오(天皇 道悟, 748~807) : 당대 청원하靑原下 석두 희천(石頭 希遷)의 제자. 절강성 금화현金華縣 사람. 성은 장張씨. 14세에 출가의 뜻을 품고 명주 明州의 대덕에게 득도하고 25세에 항주杭州 죽림사竹林寺에서 수구受具하다. 그 후 범행을 닦다가, 여항餘杭에서 경산 법흠(徑山 法欽)을 배알하고 시봉한 지 5년 후에 마조馬祖를 참예하고, 뒤에 석두 희천을 배알하고 그의 법을 이었 다.

터럭 하나를 태허공에 날리는 것과 같으며,

세상에서 뛰어난 기틀을 내가 다 소유한다 하더라도

큰 골짜기에 물 한 방울 떨어뜨린 것과 같더라."¹³⁸

과거 · 현재 · 미래의 마음이 하나도 실체가 없어서 찾을 도리
가 없기 때문입니다. 바로 '응무소주이생기심'하는 마음인 까닭
입니다.

• 야보선사 :

"일찍이 나그네가 됐음이라 나그네를 특별히 생각함이요, 술
을 늘 좋아했음이라 취한 사람을 애석하게 여기도다."

"눈은 동남으로 보고 뜻은 서북에 있도다. 후백猴白이라 말하려
했는데 다시 후흑猴黑이 있었구나. 일체중생의 일체 마음이여, 모
두가 다 한없는 소리와 형상을 쫓아다니도다. 억!"¹³⁹

• 야보선사 :

"소리를 낮춰라! 소리를 낮춰라! 콧구멍에 바람 새 나간다."

---

138 窮諸玄辯 如一毫置之太虛 竭世樞機 似一滴投於巨壑

139 "曾爲蕩子라 偏憐客이요 慣愛貪盃라 惜醉人이로다" "眼觀東南이요 意在西北
　　이로다 將謂猴白이러니 更有猴黑이로다 一切衆生一切心이여 盡逐無窮聲與色
　　이로다 喝"

"삼세 동안 구해도 마음은 보이지 않나니 눈이 눈과 마주치는구나. 모름지기 각주구검刻舟求劍[140]하지 말지니 설월풍화 속에서 얼굴이 나타나도다!"[141]

왜 목소리를 낮추라 했는가? 목소리를 낮추지 않으면 쓸데없는 욕심이 생긴다. 마음이란 보려 해도 볼 수 없으니 어찌 말할 수 있겠는가? 마음을 보려고 거울을 보면 자신의 눈만 보이리라.

---

140 각주구검刻舟求劍 : 배 밖으로 칼을 떨어뜨린 초나라 사람이 나중에 배가 움직이는 것은 생각하지 않고 그 칼을 찾기 위해 칼을 떨어뜨린 뱃전에다 표시를 하였다는 일화에서 유래한 말로, 시세의 변천도 모르고 낡은 것만 고집하는 미련함과 어리석음을 비유적으로 이르는 말.
141 "低聲低聲하라 直得鼻孔裏出氣로다" "三際求心이라도 心不見이니 兩眼으로 依前對兩眼이로다 不須遣劍刻舟尋이니 雪月風花에 常見面이로다"

⑲ 법계통화분_{法界通化分}

법계를 모두 교화하다

(16) 복덕이 뒤바뀐 것이라면 마음도 뒤바뀐 것이 아닌가 하는 의심
(단복덕예심전도의_{斷福德例心顚倒疑})

19-1

十八. 상구불지주_{上求佛地住} : 三. 무상복자재구족_{無上福自在具足}

"수보리여! 그대 생각은 어떠한가? 어떤 사람이 삼천대천세계에 칠보를 가득 채워 보시한다면 이 사람이 이러한 인연으로 많은 복덕을 얻겠는가?" "그렇습니다, 세존이시여! 그 사람이 이러한 인연으로 매우 많은 복덕을 얻을 것입니다." "수보리여! 복덕이 실로 있는 것이라면 여래는 많은 복덕을 얻는다고 말하지 않았을 것이다. 복덕이 없기 때문에 여래는 많은 복덕을 얻는다고 말한 것이다."

須菩提야 於意云何오 若有人이 滿三千大千世界七寶로
수보리 어의운하 약유인 만삼천대천세계칠보

以用布施하면 是人이 以是因緣으로 得福多不아 如是니다 世
이용보시 시인 이시인연 득복다부 여시 세

尊하 此人이 以是因緣으로 得福甚多니이다 須菩提야 若福德
존 차인 이시인연 득복심다 수보리 약복덕

有實인댄 **如來**가 **不說得福德多**어니와 **以福德無故**로 **如來**가
유 실　　　여 래　　불 설 득 복 덕 다　　　이 복 덕 무 고　　여 래

說得福德多니라
설 득 복 덕 다

　다음은 (16) 복덕이 뒤바뀐 것이라면 마음도 뒤바뀐 것이 아닌가 하는 의심입니다. 앞서 여래가 말한 마음은 마음이 아니라고 하였으므로 우리들의 마음은 모두가 뒤바뀌고 허망하여 진실한 마음이 아니므로 이런 마음에 의해 닦은 복덕도 뒤바뀐 것이 아닌가 하는 뜻을 표현한 말입니다. 그럼 경문을 자세히 봅시다.[142]

　• 야보선사 :

　"오히려 달리 마음을 쓰는 것보다 뛰어나도다."

　"나한은 응공이 박하고 코끼리 몸은 칠보가 진귀하도다. 비록 그렇게 많은 탁부濁富이긴 하나 어찌 적은 청빈淸貧과 같으리오! 망상罔象은 다만 무심을 인하여 얻었으며 이루离婁는 유심에 친하

---

142 이곳은 또한 18주처住處 중에서 제18 상구불지주上求佛地住이니 위로 불지를 구해 들어가는 지위입니다. 역시 구경무아분 끝부분의 "我當莊嚴佛土 是不名菩薩" 이하 정종분 끝까지의 법문으로서, 다음과 같이 여섯 단계로 나누어 불지를 향해 들어갑니다. 셋째, 위없는 복과 자재함이 구족한 단계[無上福自在具足]입니다. 제19 법계통화분法界通化分에 "若人滿三千大天世界七寶布施"라 하신 법문으로서, 지혜로운 보시로 무량한 복을 얻는데 그 복에 구애받지 않고 자재하게 누리는 공덕이 구족하다는 것입니다. 넷째, 위없는 몸이 구족한 단계[無上身具足]입니다.

여 잃었느니라."[143]

　망상罔象은 무심을 대표하는 사람이고, 이루离婁는 황제黃帝 때의
사람으로, 눈이 비상하게 밝았다는 전설상의 인물입니다.

---

[143] "由勝別勞心이니라" "羅漢은 應供薄이요 象身은 七寶珍이라 雖然多濁富이나
爭似少淸貧이리오 罔象은 只因無意得이요 离婁는 失在有心親이니라"

㉟

이색이상분 離色離相分

사물도 떠나고 형상도 떠나다

(17) 무위법이라면 어떻게 상호가 있을까 하는 의심
   (단무위하유상호의 斷無爲何有相好疑)

20-1

十八. 상구불지주 上求佛地住 : 四. 무상신구족 無上身具足

"수보리여! 그대 생각은 어떠한가? 신체적 특징을 원만하게 갖추었다고 여래라고 볼 수 있겠는가?" "아닙니다, 세존이시여! 신체적 특징을 원만하게 갖추었다고 여래라고 볼 수는 없습니다. 왜냐하면 여래께서는 원만한 신체를 갖춘다는 것은 원만한 신체를 갖춘 것이 아니라고 설하셨으므로 원만한 신체를 갖춘 것이라고 말씀하셨기 때문입니다."

須菩提야 於意云何오 佛을 可以具足色身으로 見不아 不也
수보리 어의운하 불 가이구족색신 견부 불야

니다 世尊하 如來를 不應以具足色身으로 見이니 何以故오 如
세존 여래 불응이구족색신 견 하이고 여

來가 說具足色身이 卽非具足色身일새 是名具足色身이니이다
래 설구족색신 즉비구족색신 시명구족색신

20-2

"수보리여! 그대 생각은 어떠한가? 신체적 특징을 갖추었다고 여래라고 볼 수 있겠는가?" "아닙니다, 세존이시여! 신체적 특징을 갖추었다고 여래라고 볼 수는 없습니다. 왜냐하면 여래께서는 신체적 특징을 갖춘다는 것이 신체적 특징을 갖춘 것이 아니라고 설하셨으므로 신체적 특징을 갖춘 것이라고 말씀하셨기 때문입니다."

須菩提야 於意云何오 如來를 可以具足諸相으로 見不아 不
수 보 리   어 의 운 하   여 래   가 이 구 족 제 상   견 부   불

也니다 世尊하 如來를 不應以具足諸相으로 見이니 何以故오
야   세 존   여 래   불 응 이 구 족 제 상   견   하 이 고

如來가 說諸相具足이 即非具足일새 是名諸相具足이니이다
여 래   설 제 상 구 족   즉 비 구 족   시 명 제 상 구 족

강설

다음은 (17) 무위법이라면 어떻게 상호가 있을까 하는 의심에 대해 말합니다. 앞의 제13 여법수지분에서 32상으로 여래를 보지 못한다고 말한 내용과 비슷한데, 여기서는 무위법과 형상의 관계에 대해 질문한 내용이므로 이 부분에 국한하여 대답합니다.

무위법은 무상無相이라고만 생각해서는 안 될 것입니다. 무위법은 무엇을 하면서도 했다는 집착이나 모양이 없다는 뜻이므로, 상호와 관계가 없다고만 생각하는 어리석음을 범해서는 안 될

것입니다.

그리고 무착보살의 18주처住處로는 제18 상구불지주上求佛地住이니 '위로 불지를 구해 들어가는 지위'입니다. 역시 제17 구경무아분 끝부분의 "아당장엄불토我當莊嚴佛土 시불명보살是不名菩薩" 이하 정종분 끝까지의 법문으로서, 다음과 같이 여섯 단계로 나누어 불지를 향해 들어갑니다. 넷째, 위없는 몸이 구족한 단계[無上身具足]입니다. 제20 이색이상분離色離相分에서 "구족한 색신으로 부처를 볼 수 있겠느냐?" 하신 문답이니, 불佛은 색신(色身, 32상相)과 제상(諸相, 80종호種好)이 구족하시다는 것입니다. 다섯째, 위없는 말씀이 구족한 단계[無上語具足]입니다.

• 야보선사 :

"공적으로는 바늘만큼도 용납하지 않지만 사적으로는 수레도 지나간다네."

"그대에게 청하노니, 얼굴을 우러러 허공을 보아라. 확 트이고 가없어 그 자취를 볼 수 없도다. 그러나 만일 몸을 굴릴 힘이라도 있으면 두두물물에서 모두 만나 보게 되리라."¹⁴⁴

---

144 "官不容針이나 私通車馬로다" "請君仰面看虛空하라 廓落無邊不見蹤이로다 若解轉身些子力하면 頭頭物物總相逢하리라"

선화 이야기 32

공적으로는 바늘도 용납하지 않지만
사적으로는 수레도 지나간다네

위산스님이 앙산스님에게 물었다.

"부싯돌의 불빛도 미칠 수 없고 번갯불도 통할 수 없는데 옛날부터 여러 성인들께서는 무엇으로 학인들을 지도하였는가?"

"스님께서는 어떻게 생각하십니까?"

"말만 있을 뿐 실다운 뜻이 전혀 없다."

"그렇지 않습니다."

"그럼 그대는 어떤가?"

"공적으로는 바늘 하나도 용납할 수 없지만 사적으로는 수레나 말까지도 통합니다."[145]

위산스님이 누구인가? 이 말을 놓칠 리가 있겠는가!

"일천 부처님과 일만 조사들도 여기에 이르러서는 어찌할 바를 모르고 전광석화電光石火도 그 신속함에는 미칠 수 없다는데, 옛날 여러 성인들은 무엇으로 학인들을 지도하였는가?"

"스님은 어떻게 생각하십니까?"

"말짱 거짓말이지."

"그것을 꼭 거짓말이라고 할 수는 없지요. 그 말이 해당이 안

---

[145] "潙山問仰山호대 石火莫及이요 電光罔通이어늘 從上諸聖이 將什麼爲人고 仰山云, 和尙意作麼生고 潙山云, 但有言說이요 都無實義니라 仰山云, 不然이니다 潙山云, 子又作麼生고 仰山云, 官不容針이나 私通車馬니다"

되는 사람도 있지만 또 얼마나 많은 사람들이 그 말에 눈을 뜨는 데요[官不容針 私通車馬]."

위산스님이 사랑하는 제자 앙산스님에게 시험 삼아 물어본 것인데 참으로 뜻밖에 좋은 말을 들은 것입니다. 그런 제자라면 마음을 놓을 수가 있을 것입니다. 그래서 천하의 위앙종潙仰宗이 탄생한 것입니다.

그 국토에 있는 중생의 여러 가지 마음을 여래는 다 안다.
왜냐하면 여래는 여러 가지 마음이
모두 다 마음이 아니라 설하였으므로
마음이라 말하기 때문이다.

金剛般若波羅蜜經

㉑

비설소설분非說所說分

말도 말할 것도 없다

(18) 몸이 없다면 어떻게 설법하겠느냐 하는 의심
　　(단무신하이설법의斷無身何以說法疑)

21-1

十八. 상구불지주上求佛地住 : 五. 무상어구족無上語具足

"수보리여! 그대는 여래가 '나는 설한 법이 있다.'는 생각을 한다고 말하지 말라. 이런 생각을 하지 말라. 왜냐하면 어떤 사람이 '여래께서 설하신 법이 있다.'고 말한다면, 이 사람은 여래를 비방하는 것이니, 내가 설한 것을 이해하지 못했기 때문이다. 수보리여! 설법이라는 것은 설할 만한 법이 없는 것이므로 설법이라고 말한다."

須菩提야 汝勿謂如來가 作是念호대 我當有所說法이라하라
수 보 리　　여 물 위 여 래　　작 시 념　　　아 당 유 소 설 법

莫作是念이니 何以故오 若人이 言如來가 有所說法이라하면
막 작 시 념　　하 이 고　약 인　　언 여 래　　유 소 설 법

即爲謗佛이라 不能解我所說故니라 須菩提야 說法者는 無
즉 위 방 불　　불 능 해 아 소 설 고　　수 보 리　설 법 자　무

法可說_을 是名說法_{이니라}
법가설　　시명설법

21-2

그때 수보리 장로가 부처님께 여쭈었습니다. "세존이시여! 미래에 이 법 설하심을 듣고 신심을 낼 중생이 조금이라도 있겠습니까?" 부처님께서 말씀하셨습니다. "수보리여! 저들은 중생이 아니요 중생이 아닌 것도 아니다. 왜냐하면 수보리여! 중생 중생이라 하는 것은 여래가 중생이 아니라고 설하였으므로 중생이라 말하기 때문이다."

爾時_에 慧命須菩提_가 白佛言_{하시되} 世尊_하 頗有衆生_이 於
이 시　혜명수보리　　백 불 언　　세 존 하　파 유 중 생　어

未來世_에 聞說是法_{하고} 生信心不_{잇가} 佛言_{하시되} 須菩提_야
미 래 세　문 설 시 법　　생 신 심 부　　불 언　　　수 보 리

彼非衆生_{이며} 非不衆生_{이니} 何以故_오 須菩提_야 衆生衆生
피 비 중 생　　비 불 중 생　　하 이 고　수 보 리　중 생 중 생

者_는 如來_가 說非衆生_{일새} 是名衆生_{이니라}
자　여 래　설 비 중 생　　시 명 중 생

강설

• 야보선사 :

불법이란 눈에 보이지 않는 것이므로,

"토끼의 뿔로 만든 지팡이요, 거북이 털로 만든 불자로다."

"나이 많은 석마石馬가 백호광명을 놓으니 철우鐵牛가 표효하며 장강長江으로 들어가도다. 허공에 보낸 할喝 종적이 없이 모르는 사이에 몸을 숨겨 북두北斗에 감추도다. 또 일러라. 이것이 설법인가, 설법이 아닌가?"**146**

잘못 알아들으면 어렵고 어렵지만 귀가 열리면 쉽게 이해할 수도 있습니다. 하지만 깨달음이란 자신의 힘으로 얻어야 하므로 자신이 직접 체험해야 하는 것입니다.

그리고 다음에는 말법세상에 태어나 불법을 잘 받들거나 『금강경』을 수지독송受持讀誦하는 이는 보통의 범부중생과는 다르다는 뜻이 들어 있습니다. 그런 까닭에 앞에서는 한두 부처님께 공양하고 복덕을 닦은 이가 아니라는 말[제6 正信希有分]도 있었고, 내가 예전에 복덕을 쌓을 때보다 훨씬 많은 공덕을 쌓는 것[제16 能淨業障分]이라 말한 적도 있습니다.

다음은 **(18) 몸이 없다면 어떻게 설법하겠느냐 하는 의심**을 말합니다. 『금강경』에서 "몸이 없느니, 서른두 가지 대인상은 서른두 가지 대인상이 아니다."라는 말은 드러난 말로만 판단해서는 안 되는 말입니다.

서른두 가지 상호도 그렇게 보면 그냥 얻어진 몸이 아니라 수

---

146 "兎角杖龜毛拂이로다" "多年石馬가 放毫光하니 鐵牛哮吼入長江이로다 虛空一喝이 無蹤跡하야 不覺潛身北斗藏이로다 且道하라 是說法가 不是說法가"

많은 수행을 통해 공덕이 쌓여서 이루어진 몸이라면 밖으로 보이는 상호뿐만은 아니겠지요. 그러니 여기서도 몸 그 자체를 부정하는 것이 아니라 밖으로 드러난 몸만으로 판단하는, 어리석은 중생의 판단을 지적하는 내용이라 보아야 할 것입니다.

"어떤 사람이 '여래께서 설하신 법이 있다.'고 말한다면, 이 사람은 여래를 비방하는 것이니, 내가 설한 것을 이해하지 못했기 때문이다."[147]

• 야보선사 :

"옳기는 옳다마는 그럼 대장경 소장경은 어디서 나왔는가?"

"설함이 있다 해도 다 비방이 되고 말이 없다 해도 또한 용납하지 못하도다. 그대를 위하여 한 가닥 선을 통하노니 해가 영동嶺東에서 붉게 떠오르리라."[148]

경주 불국사 대웅전 뒤쪽에는 예전 강당 터가 무설전無說殿이란

---

147 제18 상구불지주上求佛地住이니 위로 불지를 구해 들어가는 지위입니다. 역시 구경무아분 끝부분의 "我當莊嚴佛土 是不名菩薩" 이하 정종분 끝까지의 법문으로서, 다음과 같이 여섯 단계로 나누어 불지를 향해 들어갑니다. 다섯째, 위 없는 말씀이 구족한 단계[無上語具足]입니다. 제21 비설소설분非說所說分에서 "汝勿謂如來作是念 我當有所說法"이라 하신 법문으로서, 설하는 바 없는 말씀 [無說之說]이 불조佛祖의 언어인데 이것이 구족하다는 것입니다.

148 "是則是나 大藏小藏은 從甚處得來오" "有說이라도 皆成謗이요 無言이라도 亦不容이라 爲君通一線하노니 日向嶺東紅이니라"

이름으로 서 있습니다. 통도사 선지식으로 유명하셨던 경봉선사는 『금강경』의 이러한 설법 방식을 자주 인용하셨습니다. 그리고 고향이 밀양인지라 경상도 사투리로 "기밀 설볍이 설볍이 아니라 그 이름이 설볍이로다."라고 구수하게 법문하시던 모습이 눈에 선합니다. 그러므로 열심히 설법하면서도 무엇을 설했다는 생각이 없는 인격, 그것이 바로 무법가설無法可說의 경지일 것입니다.

"수보리여! 설법이라는 것은 설할 만한 법이 없는 것이므로 설법이라고 말한다."[須菩提야 說法者는 無法可說이니 是名說法이니라]

"세존이시여! 미래에 이 법 설하심을 듣고 신심을 낼 중생이 조금이라도 있겠습니까?" 부처님께서 말씀하셨다. "수보리여! 저들은 중생이 아니요 중생이 아닌 것도 아니다. 왜냐하면 수보리여! 중생 중생이라 하는 것은 여래가 중생이 아니라고 설하였으므로 중생이라 말하기 때문이다."

• 야보선사 :

"불은 뜨겁고 바람은 움직이며 물은 습하고 땅은 견고하도다."
"사슴을 가리켜 어찌 준마駿馬라 할 수 있으며 까마귀를 일러 누가 난鸞새라 이르리오. 비록 그렇게 털끝만큼의 다름도 허락지 않지만 마馬 자가 든 나귀 이름들이 얼마나 많던가?"**149**

　앞에서도 말했지만, 일생 수많은 법문을 하신 부처님께서 열반
할 무렵에 제자들을 모아 놓고 말씀하십니다.
　"내가 한 모든 설법은 모두 중생들을 깨달음으로 이끌기 위한
방편설이요, 한마디도 말한 바가 없느니라."
　이 말씀은 오늘날까지도 널리 회자되는 유명한 법문이지요. 중
생은 항상 중생으로 머물러 있지 않습니다. 열심히 기도하고 참
선하면 어느덧 성불에 이르게 될 것이므로 중생으로 남아 있지
않습니다. 그래서 중생을 중생이라고만 규정하지 맙시다.

---

149 "火熱風動이요 水濕地堅이로다""指鹿에 豈能成駿馬며 言烏에 誰謂是翔鸞이리
　오 雖然不許纖毫異나 馬字驢名이 幾百般고"

㉒ 무법가득분無法可得分
불법은 얻을 수 없다

(19) 법이 없으면 어떻게 닦고 증득하였나 하는 의심
(단무법여하수증의斷無法如何修證疑)

22-1

十八. 상구불지주上求佛地住 : 六. 무상심구족無上心具足

수보리가 부처님께 여쭈었습니다. "세존이시여! 부처님께서 가장 높고 바른 깨달음을 얻은 것은 법이 없는 것입니까?" 부처님께서 말씀하셨습니다. "그렇다, 그렇다. 수보리여! 내가 가장 높고 바른 깨달음에서 조그마한 법조차도 얻을 만한 것이 없었으므로 가장 높고 바른 깨달음이라 말한다."

須菩提가 白佛言하시되 世尊하 佛이 得阿耨多羅三藐三菩
수보리 백불언 세존 불 득아뇩다라삼먁삼보

提는 爲無所得耶니이다 佛言하시되 如是如是하다 須菩提야
리 위무소득야 불언 여시여시 수보리

我於阿耨多羅三藐三菩提에 乃至無有少法可得일새 是
아어아뇩다라삼먁삼보리 내지무유소법가득 시

名阿耨多羅三藐三菩提니라
명아뇩다라삼먁삼보리

여기서 (19) **법이 없으면 어떻게 닦고 증득하였나** 하는 어리석은 질문이 나옵니다. 이처럼 말귀를 못 알아듣고 감을 잡지 못하니, 27가지나 되는 질문이 계속되는 것입니다.

선화 이야기 33

삼현三賢도 오히려 이 뜻을 밝히지 못했는데,
십성十聖인들 어찌 이런 종지를 통달했으리오

종경 연수(延壽, 904~975)선사가 운云,

"법 가히 얻을 것이 없음이여, 그 이름이 아뇩보리이며, 도 가히 전할 것이 없음이여, 바로 열반 정안正眼을 가리켰도다. 다만 그것은 얻되 얻지 못함이요, 전하되 전하지 못함이니 필경에 무슨 종지인가? 삼현三賢도 오히려 이 뜻을 밝히지 못했는데 십성十聖인들 어찌 이런 종지를 통달했으리오!"

"본래 설함도 없고 전할 것도 없으니 막 사유하려 하면 곧 관문을 막는지라. 어語와 묵默, 이離와 미微를 함께 다 쓸어버리고 고요히 옛 영축산에 홀로 앉음이로다."[150]

---

[150] "法無可得이여 是名阿耨菩提요 道無可傳이여 直指涅槃正眼이로다 只如得而不得이요 傳而不傳이니 畢竟是何宗旨오 三賢도 尙未明斯旨라 十聖인들 那能達此宗이리오" "從來無說亦無傳하니 纔涉思惟便隔關이라 語默離微를 俱掃盡하니 寥

위의 내용 중 "삼현三賢도 오히려 이 뜻을 밝히지 못했는데, 십성十聖인들 어찌 이런 종지를 통달했으리오!"라는 부분은 동안 상찰(同安 常察)¹⁵¹선사의 어록인 『십현담十玄談』의 내용입니다.

 ·

· 야보선사 :

"남에게 구하는 것은 자기에게 구하는 것만 같지 못하도다."

"방울 물이 얼음이 됨은 진실로 있지만 녹양綠楊과 방초芳草의 색은 무성하도다. 가을 달월과 봄 꽃의 무한한 뜻이여! 자고새 울음소리가 한가로움을 방해하지 않도다."¹⁵²

여기서는 '본래 얻을 것이 없는 법'¹⁵³이 곧 '진실한 법'이라는 말씀을 하고 계십니다. 불교에서 말하는 법은 곧 진리를 말하는

寥獨坐古靈山이로다"

151 동안 상찰(同安 常察) : 송초대宋初代 스님. 청원하青原下 구봉 도건(九峰 道虔)의 제자. 홍주洪州 봉서산鳳棲山 동안원同安院에 주하다. 그의 어록에 '莫道無心云是道하라. 無心猶隔一重關이니라.' 하다.

152 "求人이 不如求自己니라""滴水成冰이 信有之나 綠楊芳草色依依라 秋月春花無限意여 不妨閑聽鷓鴣啼로다"

153 제18 상구불지주上求佛地住이니 위로 불지를 구해 들어가는 지위입니다. 역시 구경무아분 끝부분의 "我當莊嚴佛土 是不名菩薩" 이하 정종분 끝까지의 법문으로서, 다음과 같이 여섯 단계로 나누어 불지를 향해 들어갑니다. 여섯째, 위없는 마음이 구족한 단계[無上心具足]입니다. 제22 무법가득분無法可得分에서 "佛得阿耨菩提 爲無所得耶"으로부터 제32 응화비진분應化非眞分에서 "應作如是說"까지의 법문으로서 모두가 11분分의 경문이 여기에 속하지만 한마디로 부처님의 마음씨를 풀이한 것이라 이해하면 되겠지요.

것인데, '그러면 어떤 법은 진리라 하고 어떤 법은 진리나 불법이 아니라 합니까?' 하고 질문할 수 있을 것입니다. 여기서의 판단기준은 삼법인三法印과 사성제四聖諦요, 삼해탈문三解脫門154을 말합니다.

한편 자고새는 메추라기와 비슷한 새를 말합니다.

---

154 삼해탈문三解脫門이란 공空, 무상無相, 무원無願(또는 무작無作)을 말한다.

정심행선분_{淨心行善分}

텅 빈 마음으로 선행을 하다

23-1

"또한 수보리여! 이 법은 평등하여 높고 낮은 것이 없으니,
이것을 가장 높고 바른 깨달음이라 말한다. 자아도 없고, 개아
도 없고, 중생도 없고, 영혼도 없이 온갖 선법을 닦음으로써
가장 높고 바른 깨달음을 얻게 된다. 수보리여! 선법이라는 것
은 선법이 아니라고 여래는 설하였으므로 선법이라 말한다."

復次須菩提야 是法平等하야 無有高下일새 是名阿耨多羅
부차수보리　시법평등　　무유고하　　시명아뇩다라

三藐三菩提니 以無我無人無衆生無壽者로 修一切善法
삼먁삼보리　이무아무인무중생무수자　수일체선법

하면 則得阿耨多羅三藐三菩提하리라 須菩提야 所言善法
즉득아뇩다라삼먁삼보리　　수보리　소언선법

者는 如來가 說卽非善法일새 是名善法이니라
자　여래　설즉비선법　시명선법

> **강설**

텅 빈 마음으로 선행을 행하는 사람이라면 재물이나 가진 것

이 없어도 능히 보시를 할 수 있습니다. 그래서 흔히 '재물 없이 보시하는 7가지 방법[무재칠시無財七施]'이라 합니다.

① 심시心施이니 마음으로 보시함을 말하고, ② 신시身施이니 몸으로 봉사함이요, ③ 안시眼施이니 따뜻한 눈길을 보내는 것이요, ④ 언사시言辭施이니 같은 말이라도 좋고 부드럽게 말함이요, ⑤ 화안열색시和顔悅色施이니 웃는 얼굴로 상대함이요, ⑥ 좌상시座床施이니 자리를 양보하는 보시이고, ⑦ 방사시房舍施이니 어려울 때 따뜻한 방을 내어 주는 보시를 말합니다. 이른바 "줄 것이 없으면 웃어라도 주라."는 옛말과 상통한다 하겠습니다.

• 야보선사 :

"산은 높고 바다는 깊으며 해가 뜨면 달이 지는 법이다."

"스님은 스님이고 속인은 속인이며 기쁘면 웃고 슬프면 울어라. 만일 여기에서 잘 참구하여 살피면 육육六六은 본래로 삼십육三十六이니라."**155**

불법이란 어찌 보면 참으로 어렵다고 할 수 있습니다. 첫째, 진리를 얻기 위해 해야 할 수행도 어려운 데다가, 둘째, 얻고 나서 마음 자세도 텅 비워야 하고, 셋째, 그러고서 모든 집착에 시달리지 않아야 한다는 것은, 보통 범부들은 겪지 않을 단계를 거쳐야 하고 마지막에 가서도 마음을 비워야 한다는 것입니다. 진리

---

155 "山高海深이요 日生月落이로다" "僧是僧兮俗是俗이요 喜則笑兮悲則哭이라 若能於此에 善參詳하면 六六이 從來三十六이니라"

를 알고 나서 그 진리만 고집한다면 마치 『서장書狀』에서 대혜선사[156]가 어느 때에 말씀하시기를, "내가 만일 한결같이 종지만 드러내 설한다면 법당 앞에 풀이 자라서 한 길이나 될 것이니, 아마도 사람을 고용하여 청소를 시켜야 될 것이다."[157]라고 한 법문처럼, 수준 높은 법문만 하고 있으면 믿고 찾아오는 사람 하나 없는 화석화된 법이 되고 말 것입니다. 더 큰 자비심은 중생이 알아들을 수 있는 다양하고 적절한 포교 방편이 아닐까요!

---

156 대혜 종고(大慧 宗杲, 1089~1163) : 송대 임제종 양기파, 선주(宣州, 안휘성) 영국현寧國縣 사람, 성은 해奚씨, 자는 담회曇晦, 호는 묘희妙喜, 운문雲門. 출가 초기에 조동문하曹洞門下에서 선지禪旨를 참구하고, 정화政和 원년(1111) 경산徑山의 담당 문준(湛堂 文準, 眞淨 克文의 제자) 회하에서 공부하고 각범 혜홍(覺範 慧洪, 1071~1128), 장상영張商英 등을 배알한다. 湛堂의 유탁遺託으로 원오 극근(圜悟 克勤)에게 나아가 증오한다. 경산의 능인선원能仁禪院에서 교화하니 학인이 항상 2천을 헤아려 '임제臨濟의 재흥再興'이라 칭하였다. 그러나 전란이 간상奸相 진회秦檜 등에 의해 화약和約으로 체결되자 주전론자인 장구성당張九成黨으로 몰려 의첩衣牒을 빼앗기고 형주(衡州, 호남성)로 유배당하며 10여 년을 고생한다.

157 "言호대 我若一向에 舉揚宗教인댄 法堂前에 須草深一丈하리니 倩人看院하야사 始得다"『서장書狀』제34 답장시랑장答張侍郎狀의 내용.

㉔
복지무비분福智無比分
복과 지혜는 비교할 수 없다

(20) 말씀한 법이 무기無記이거늘 어떻게 성불의 원인이 되랴 하는 의심
(단소설무기비인의斷所說無記非因疑)

24-1

"수보리여! 삼천대천세계에 있는 산들의 왕 수미산만큼의 칠보 무더기를 가지고 보시하는 사람이 있다고 하자. 또 이 반야바라밀경의 사구게만이라도 받고 지니고 읽고 외워 다른 사람을 위해 설해 주는 사람이 있다고 하자. 그러면 앞의 복덕은 뒤의 복덕에 비해 백에 하나에도 미치지 못하고 천에 하나 만에 하나 억에 하나에도 미치지 못하며 더 나아가서 어떤 셈이나 비유로도 미치지 못한다."

須菩提야 若三千大千世界中所有諸須彌山王의 如是等
수보리 약삼천대천세계중소유제수미산왕 여시등

七寶聚를 有人이 持用布施어든 若人이 以此般若波羅蜜經
칠보취 유인 지용보시 약인 이차반야바라밀경

으로 乃至四句偈等을 受持讀誦하야 爲他人說하면 於前福
내지사구게등 수지독송 위타인설 어전복

德으로 百分에 不及一이며 百千萬億分과 乃至算數譬喻로
덕 백분 불급일 백천만억분 내지산수비유

所不能及이니라
소 불 능 급

스무 번째 의심은 어떤 것일까요. **(20) 말씀한 법이 무기**無記**이거늘 어떻게 성불의 원인이 되랴 하는 의심**입니다. 앞에서 말한 것이 하도 '이것도 아니고 저것도 아니다.'고 하니, 그럼 그 법은 무기가 아닐까 하는 의심을 한다는 식입니다.

무기란 '확정할 수 없는 법'을 말합니다. 복과 지혜는 비교할 수 없는 일종의 무기법입니다. 곧 너무 격차가 커서 비교 대상이 되지 않는 것을 무기로 잘못 이해한 어리석은 질문입니다. 그러므로 앞에서 소개한 여러 가지 비유 곧 칠보 보시의 비유, 생명 보시의 비유 등처럼 이미 설명하였지만 잘못 이해하여 나타난 현상이라 보아야 한다는 뜻입니다.

• **야보선사 :**

"천 개의 송곳으로 땅을 파는 것이, 무딘 괭이로 한 번 파는 것만 같지 못하구나."

"기린과 난새, 봉황이 무리를 이루지 못하고 크고 훌륭한 보배가 어찌 시장에 들어오리오! 하루에 천 리를 달리는 말은 낙타와 함께하지 못하고 하늘을 의지한 장검은 사람이 비교하지 못하도다. 건곤乾坤이 그것을 싣지 못하고 겁화劫火가 능히 그것을 무너뜨리지 못한다. 늠름한 위광이 태허공에 빛나니 천상과 인간이

모두 같지 않도다. 슬프다!"¹⁵⁸

　하늘의 뜻은 사람이 알 수 없고 봉황의 속내를 참새가 알 수 없
듯이 아무리 보시를 많이 하여도 말씀을 진실로 마음에 품는 것
과 같을 수는 없을 것입니다.

---

158 "千錐箚地가 不如鈍鍬一捺이로다" "麒麟鸞鳳이 不成群이니 尺璧寸珠邪入市리
오 逐日之馬는 不並駞요 倚天長劍은 人難比로다 乾坤이 不覆載요 劫火不能壞
라 凜凜威光이 混太虛하니 天上人間이 總不如로다 噫라"

金剛般若波羅蜜經

25 화무소화분
化無所化分

26 법신비상분
法身非相分

27 무단무멸분
無斷無滅分

28 불수불탐분
不受不貪分

교화하되 교화하는 바가 없다

법신은 형상이 아니다

아주 없는 것이 아니다

누리지도 탐하지도 않는다

㉕

화무소화분 化無所化分
교화하되 교화하는 바가 없다

(21) 평등하다면 어떻게 중생을 제도하는가 하는 의심
  (단평등운하도생의 斷平等云何度生疑)

25-1

"수보리여! 그대 생각은 어떠한가? 그대들은 여래가 '나는 중생을 제도하리라.'는 생각을 한다고 말하지 말라. 수보리여! 이런 생각을 하지 말라. 왜냐하면 여래가 제도한 중생이 실제로 없기 때문이다.

須菩提야 於意云何오 汝等은 勿謂如來作是念호대 我當度
수보리   어의운하   여등   물위여래작시념   아당도

衆生이라하라 須菩提야 莫作是念이니 何以故오 實無有衆生
중생   수보리   막작시념   하이고   실무유중생

如來度者니라
여래도자

25-2

만일 여래가 제도한 중생이 있다면, 여래에게도 자아 · 개아 · 중생 · 영혼이 있다는 집착이 있는 것이다. 수보리여! 자아가

있다는 집착은 자아가 있다는 집착이 아니라고 여래는 설하였다. 그렇지만 범부들이 자아가 있다고 집착한다. 수보리여! 범부라는 것도 여래는 범부가 아니라고 설하였다."

若有衆生如來度者면 如來가 則有我人衆生壽者니라 須
약 유 중 생 여 래 도 자   여 래   즉 유 아 인 중 생 수 자   수

菩提야 如來가 說有我者는 則非有我어늘 而凡夫之人이 以
보 리   여 래   설 유 아 자   즉 비 유 아   이 범 부 지 인   이

爲有我일새 須菩提야 凡夫者는 如來가 說則非凡夫니라
위 유 아   수 보 리   범 부 자   여 래   설 즉 비 범 부

강설

이제 (21) 평등하다면 어떻게 중생을 제도하는가 하는 의심이니, 앞에서 말한 "이 도리는 평등해서 높고 낮음이 따로 없다."는 말에 대해 이렇게 의심한 것입니다.

• 야보선사 :

"봄의 난초와 가을 국화가 각기 스스로 향기를 내뿜도다."

"태어나서 동서로 일곱 걸음 걸으심이여! 사람마다 코는 곧게 있고 두 눈썹은 옆으로 있도다. 다화(哆啝, 아이들이 기뻐하는 소리)와 슬픔과 기쁨은 다 서로 같지만 어느 때에 누가 다시 존당尊堂에 물으리오. 또한 기억하겠는가?"[159]

---

159 "春蘭秋菊이 各自馨香이로다" "生下에 東西七步行이여 人人이 鼻直兩眉橫이로다 哆口和悲喜가 皆相似하니 那時에 誰更問尊堂이리오 還記得在麼아"

"수보리여! 자아가 있다는 집착은 자아가 있다는 집착이 아니라고 여래는 설하였다. 그렇지만 범부들이 자아가 있다고 집착한다. 수보리여! 범부라는 것도 여래는 범부가 아니라고 설하였다."

• 야보선사 :

"앞생각은 중생이고 뒷생각은 부처로다. 부처와 중생은 도대체 무슨 물건인가?"

"머리 셋과 팔 여섯은 나투지 않더라도 능히 수저를 잡고 놓을 줄은 알아야 한다. 어느 때는 술에 취하여 사람을 꾸짖다가 홀연히 향을 사르고 예를 올리네. 손에는 깨진 사기그릇을 잡고 몸에는 비단옷을 걸쳤구나. 모양을 만들고 지음이 백천 가지이지만 문득 코를 이끌어 오니, 다만 이는 너일 뿐이다. 억!"[160]

중생과 부처는 본래 평등합니다. 하지만 차별과 질서에 찌들어 있는 중생들은 뭔가 특별하고 달라야 깨달음을 얻는다고 생각합니다. 하지만 불교의 깨달음은 나눠 주고 나눠 주더라도 줄어들지 않으며, 평등하고 평등하지만 평등에 대해 잘못 이해하는 중생들은 도저히 깨달을 수 없는 법이 바로 이 법입니다. 그러나 깨달음을 얻으면 모든 욕심을 다 버려야 된다는 것이 싫어서 깨

---

160 "前念衆生後念佛이라 佛與衆生이 是何物고" "不現三頭六臂하야도 郤能拈匙放筯로다 有時에 醉酒罵人이라가 忽爾燒香作禮로다 手把破砂盆하고 身披羅錦綺로다 做模打樣이 百千般이나 驀鼻牽來秖是你로다 咦"

닫지 못하는 중생들은 깨달을 수 없는 병에 걸려 있는 것입니다.

그러므로 중생은 본래 부처이므로 제도할 중생이 본래 없다는 인식, 곧 공관空觀, 본래 부처이지만 현재는 중생이므로[假觀] 보살이 열심히 제도하여 덕분에 성불하게 되지만 보살의 도움으로 성불한 것이 아니라는 인식, 곧 중도관中道觀을 가져야 진리를 볼 수 있다는 것입니다. 삼두육비三頭六臂는 중생의 갖가지 괴로움을 굽어살피기 위해서 나투는 관세음보살의 변신하는 모습을 상징합니다.

26

법신비상분法身非相分
법신은 형상이 아니다

(22) 모양만으로도 참부처님을 짐작해 알 수 있지 않을까 하는 의심
   (단이상비지진불의斷以相比知眞佛疑)

26-1

"수보리여! 그대 생각은 어떠한가? 서른두 가지 신체적 특징으로 여래라고 볼 수 있는가?" 수보리가 대답하였습니다. "그렇습니다, 그렇습니다. 서른두 가지 신체적 특징으로도 여래라고 볼 수 있습니다." 부처님께서 말씀하셨습니다. "수보리여! 서른두 가지 신체적 특징으로도 여래라고 볼 수 있다면 전륜성왕도 여래겠구나!" 수보리가 부처님께 말씀드렸습니다. "세존이시여! 제가 부처님께서 말씀하신 뜻을 이해하기로는, 서른두 가지 신체적 특징을 가지고는 여래를 볼 수 없습니다."

須菩提야 於意云何오 可以三十二相으로 觀如來不아 須菩
수보리 어의운하 가이삼십이상   관여래부   수보

提言하시되 如是如是니이다 以三十二相으로 觀如來니이다 佛言
리언   여시여시   이삼십이상   관여래   불언

하시되 須菩提야 若以三十二相으로 觀如來者인댄 轉輪聖王
수보리 약이삼십이상   관여래자   전륜성왕

이 **則是如來**로다 **須菩提**가 **白佛言**하시되 **世尊**하 **如我解佛所**
즉 시 여 래   수 보 리   백 불 언   세 존   여 아 해 불 소

說義컨댄 **不應以三十二相**으로 **觀如來**니이다
설 의   불 응 이 삼 십 이 상   관 여 래

26-2

그때 세존께서 게송으로 말씀하셨습니다.
"형색으로 나를 보거나   음성으로 나를 찾으면
삿된 길 걸을 뿐   여래 볼 수 없으리."

爾時에 **世尊**이 **而說偈言**하시되
이 시   세 존   이 설 게 언

若以色見我어나 **以音聲求我**하면 **是人行邪道**라 **不能見如**
약 이 색 견 아   이 음 성 구 아   시 인 행 사 도   불 능 견 여

來니라
래

강설

이제 『금강경』도 확실히 후반부로 들어선 느낌입니다. (22) 모
양만으로도 참부처님을 짐작해 알 수 있지 않을까 하는 의심입
니다. 제20 이색이상분離色離相分에서 "여래는 모두 갖춘 상호[具足
色身]로 볼 수 없다." 하시고, 또 "모두 갖춘 거룩한 몸매[諸相具足]로
도 볼 수 없다."라고 하였으니 "법신은 끝내 모양이 아니다. 그러
나 모양이 부처 아닌 것도 아니다. 왜냐하면 모양은 법신을 여의

지 않기 때문이다."라는 말이 해답입니다. 단지 모양만으로는 부처를 알 수 없다는 말을 강조한 내용입니다.

• 야보선사 :

"틀렸도다."

"진흙으로 빚고 나무로 조각하며 비단에 그림이여, 청靑을 칠하고 녹綠을 바르고 다시 금으로 장식하도다. 만일 이것을 여래의 모습이라 한다면 우습도다. 나무 관세음보살!"

"틀렸도다."

"유상신 가운데 무상신이여! 금향로 밑에 철곤륜이로다. 두두가 모두 내 집 물건이니 하필 영산의 세존께 여쭈리오. 왕王이 칼을 잡음과 같도다."[161]

여기서 수보리존자의 말에 부처님께서는 "서른두 가지 대인상으로 여래를 판단한다면 전륜성왕을 여래라 해야 하리라."라고 질타합니다. 이에 대해 "제가 부처님 말씀을 이해하는 면에서는 [如我解佛所說義]"이라고 말을 번복합니다. 이런 장면은 경전에서 보기 힘든 부분인데, 『능엄경』에서는 아난존자를 보고 부처님께서 "너와 나는 동기간인데 어째서 수행하지 않고 음심을 가지게 되

---

161 "錯이라" "泥塑木雕縑綵畵여 堆青抹綠更粧金이로다 若將此是如來相인댄 笑殺南無觀世音하리라" "錯이라" "有相身中無相身이여 金香爐下에 鐵崑崙이로다 頭頭盡是吾家物이니 何必靈山에 問世尊이리오 如王秉劍이로다"

었는가?" 하고 질타하는 장면에서 아난존자가 자신의 심경을 고백하는 장면을 볼 수 있습니다.

이제 『금강경』의 세 번째 사구게입니다.

"형색으로 나를 보거나   음성으로 나를 찾으면
삿된 길 걸을 뿐   여래 볼 수 없으리."

• 야보선사 :

"모르겠다, 모르겠다."

"설사 성색聲色으로 구하지 않더라도 이는 또한 여래를 보지 못함이니, 또 말하라. 어찌해야 볼 수 있겠는가!"

"모르겠다, 모르겠다."

"색을 보고 소리 듣는 것은 세상에 본래 항상하거늘 한 겹의 눈 위에 한 겹의 서리로다. 그대가 지금 황두黃頭 노인을 보고자 하면 마야의 배 속에 뛰어들어 갈지어다. 억! 이 말은 30년 후 땅에 던지면 쇳소리가 나리라."**162**

---

162 "不審不審이로다""直饒不作聲色求라도 是亦未見如來在니 且道하라 如何得見고""不審不審이로다""見色聞聲이 世本常이어늘 一重雪上에 一重霜이로다 君今要見黃頭老인댄 走入摩耶腹內藏이어다 咦라 此語가 三十年後에 擲地金聲在리라"

이런 부분은 당시의 상황일 수도 있지만 후세의 불법을 잘못 판단할 수 있는 부분을 일부러 들춰내어서 의심을 제거해 주는 것입니다. 중생들의 의심을 제거하는 데에 부처님은 여러 방편을 쓰시지만 대표적인 것을 두 가지만 든다면, ① 설법을 통해 의심을 제거해 주는 방법을 '설법단의說法斷疑'라 합니다. ② 신통력을 보여 주어 의심을 덜어 주는 방법을 '신통단의神通斷疑'라 합니다.[163] 하지만 후자보다는 전자가 더 훌륭한 방편입니다. 왜냐하면 신통력을 잘못 쓰면 불교를 잘못 오해할 수 있기 때문이지요.

선화 이야기 34

원효스님이 관음보살을 못 만난 이야기

산불로 소실되었던 낙산사 이야기를 해 볼까 합니다. 낙산사는 이름 그대로 관음보살의 성지聖地라는 의미가 있습니다. 그중에서도 동해 바닷가의 홍련암은 화마火魔에도 그대로 보존된 관음 성지인데, 어쨌든 낙산사에는 신라시대의 대표적 고승인 의상義湘과 원효元曉에 대한 설화가 전해지고 있습니다. 어떤 이가 이렇게 묻습니다.

---

163 이는 『화엄경』 십지품 제10 법운지에 나오는 내용이다.

"원효(617~686)스님은 한국불교 사상 가장 위대한 불교학자요, 실천가라면서 왜 관음보살을 친견하지 못하셨나요?"

원효의 생애나 일화는 손에 꼽을 만큼 적습니다. 낙산사를 창건한 의상, 그리고 그 절로 관음보살을 친견하러 가는 원효 이야기가 실린 『삼국유사三國遺事』의 기사도 그중 하나입니다.

'낙산의 두 큰 성인[洛山二大聖]'에 전하기를, 의상(625~702)스님이 동해의 동굴에서 수도하다가 일주일 만에 관음보살을 친견하는 행운을 얻었습니다. 스님은 관음이 지시한 자리에 절을 세우고, 받은 염주와 보석을 안치했습니다. 지금의 낙산사가 바로 그곳입니다.

원효스님도 관음보살을 친견하고 싶어했습니다. 그래서 길을 떠났는데, 어느 시골 논에서 흰옷을 입고 일을 하는 여인을 만났습니다. 원효는 여인에게 말했습니다. "그 벼, 나 좀 주게." 그러자 여인은 "흉년이라 벼가 제대로 여물지 못했습니다."라고 대답합니다.

작업이 잘 안 되자 실망한 원효는 다시 다리 밑을 지나는데, 또 어느 여인이 개짐을 빨고 있는 것을 보았습니다. '개짐'이란 말이 좀 생소할지 모릅니다만, 여인들이 매달 마법(?)에 걸리는 때에 쓰는 천을 '개짐'이라고 불렀습니다. 아무튼 그 쑥스러운 장면을 그냥 지나쳤으면 좋으련만, 스님은 또 짓궂게 여인에게 '물 한 잔을 떠 달라.'고 부탁했습니다. 여인은 부끄러워하기는커녕, 표주박으로 그 빨래하던 물을 떠다 스님에게 내밀었습니다. 스님은 화를 내면서 그 물을 버리고 위쪽 상류의 깨끗한 물을 떠다 마셨습니다.

그런데 이때, 소나무 위에서 새 한 마리가 이렇게 말합니다.

"제호醍醐를 마다한 화상아!"

제호란 인도인들이 즐겨 마시는 비피더스처럼 생긴 유제품으로, 신선들이 마시는 감로수를 말합니다. 놀라서 둘러보니, 새는 물론 그 여인도 없었습니다. 다만 신발 한 켤레만이 덩그러니 남아 있었지요.

낙산사에 도착해서 보니, 관세음보살상 앞에 신발이 놓여 있었는데, 앞의 바로 그 신발이었습니다. 스님은 앞의 여인이 바로 관음보살의 화신化身임을 깨닫고 아차 했지만 이미 때는 늦었습니다. 그때부터 사람들은 그 소나무를 '관음송觀音松'이라 부르게 되었다고 합니다. 원효는 동굴에 들어가 살아 있는 보살의 모습을 친견하고 싶어했지만, 그때마다 파도가 높게 들이쳐서 결국 그 소원을 이루지 못했다고 합니다.[164]

우리나라 최고의 고승이지만 잠시라도 소홀하고 자칫하면 현상에 미하고 걸려서 진리를 체득하지 못한다는 뜻입니다. 앞의 자장慈藏스님 이야기에서도 확인한 바가 있습니다.

164 『삼국유사』 권3 塔像 제4의 '洛山二大聖'條에 나온다.

27

무단무멸분無斷無滅分
아주 없는 것이 아니다

(23) 부처님 과덕은 복덕과는 아무 상관 없는가 하는 의심
(단불과비관복상의斷佛果非關福相疑)

27-1

"수보리여! 그대가 '여래는 신체적 특징을 원만하게 갖추지 않았기 때문에 가장 높고 바른 깨달음을 얻은 것이다.'라고 생각한다면, 수보리여! '여래는 신체적 특징을 원만하게 갖추지 않았기 때문에 가장 높고 바른 깨달음을 얻은 것이다.'라고 생각하지 말라. 수보리여! 그대가 '가장 높고 바른 깨달음의 마음을 낸 자는 모든 법이 단절되고 소멸되어 버림을 주장한다.'라고 생각한다면, 이런 생각을 하지 말라. 왜냐하면 가장 높고 바른 깨달음의 마음을 낸 자는 법에 대하여 단절되고 소멸된다는 관념을 말하지 않기 때문이다."

須菩提야 汝若作是念호대 如來가 不以具足相故로 得阿耨
수보리 여약작시념 여래 불이구족상고 득아녹

多羅三藐三菩提아 須菩提야 莫作是念호대 如來가 不以具
다라삼먁삼보리 수보리 막작시념 여래 불이구

足相故로 得阿耨多羅三藐三菩提라하라 須菩提야 汝若作
족상고 득아녹다라삼먁삼보리 수보리 여약작

是念호대 發阿耨多羅三藐三菩提心者는 說諸法斷滅相
시 념   발 아 뇩 다 라 삼 먁 삼 보 리 심 자   설 제 법 단 멸 상

가 莫作是念이니 何以故오 發阿耨多羅三藐三菩提心者는
막 작 시 념 이니   하 이 고   발 아 뇩 다 라 삼 먁 삼 보 리 심 자

於法에 不說斷滅相이니라
어 법   불 설 단 멸 상

강설

위의 게송에서 겉모양에서 여래를 찾거나 소리로써 여래를 찾지 못한다고 말하자, (23) 부처님 과덕은 복덕과는 아무 상관 없는가 하는 의심을 하게 된다는 것입니다.

• 야보선사 :

"잘라도 가지런하지 않음이여, 다스려도 도리어 어지러워짐이요, 머리를 끌어 일으켜 잘라도 끊어지지 않네."

"알 수 없어라. 누가 교묘하게 안배함을 아는가? 잡았다가 예전처럼 또 놓아주고 마네. 여래가 단멸을 이뤘다고 말하지 말라. 한 소리가 또 한 소리를 이어 오도다."[165]

『금강경』에서는 중도中道의 법을 드러내기 위해 이렇게도 말하고 저렇게도 말하는 모습을 여러 번 볼 수 있습니다. 『금강경』은 그렇기에 읽다 보면 다소 혼란스러울지도 모르겠습니다. 중도는

---

165 "剪不齊兮여 理還亂이요 拽起頭來割不斷이로다" "不知誰解巧安排오 捏聚依前
又放開로다 莫謂如來成斷滅하라 一聲이 還續一聲來로다"

전체 모습을 말로 설명하기가 거의 불가능합니다. 그러므로 그렇지 않은 쪽을 부정해서 드러낸다든가 아니면 비유로 말할 수밖에 없습니다. 그러므로 복덕과 불과佛果와는 아무 상관 없다고 오해할 수도 있습니다. 하지만 수많은 인행과 보살행을 통해 공덕성불을 주장하는 대승불교에서도, 제대로 지혜를 쌓아 깨닫지 않으면 안 된다는 말씀을 이렇게 하고 있는 것입니다. 그래서 대승에서는 공덕을 쌓는 일도 중요하지만 중도의 진리를 잘 깨달아야 한다고 강조합니다.

그러므로 불교에서는 무엇보다 진리를 바로 볼 수 있는 반야의 지혜를 얻는 것이 가장 급선무인 것이지요. 그래서 불교의 특징을 한마디로 말하면 '지혜[智]'가 되고 또 하나를 더 말하라면 '자비[悲]'를 말하는 것입니다. 여기에다 하나를 부가하면 '원력[願]'을 말하게 됩니다. 그래서 이 셋을 불교의 핵심이라 말하는 것이지요.

【 '아주 없다는 생각'이 곧 단멸상斷滅想입니다 】

『금강경』은 조계종도들이 가장 자주 접하는 경전이며 특히 49재 시에 가장 널리 애송하여 영가의 천도를 바라는 기도에 쓰이고 있습니다. 하지만 『금강경』을 어떻게 이해하면서 독송하느냐에 따라 얼마든지 다른 결과가 나올 수 있다는 사실을 알아야 합니다.

『금강경』은 반야바라밀의 지혜가 모두 공空에서 나왔다는 법을 설하는 경전입니다. 그런데 모든 것이 공空하다는 그 말을 잘못 이해하면 집안의 가재도구가 모두 비워야 할 대상이 되어서 『금강경』을 안택安宅 불공佛供에 썼을 때 그 가정에 있는 물건들이 불이 나서 없어질 수도 있고, 경우에 따라서는 사람이 죽어서 그 집안이 텅 비게 될지도 모르는 일입니다. 하지만 『금강경』의 지혜는 단멸공이 아님을 분명히 말씀하고 계심을 알아야 합니다. 실제로 어떤 스님이 안택 불공을 하면서 『금강경』을 읽었더니, 아직은 『금강경』의 내용을 다 체득하지 못한 상태인지라 그 집안의 가솔들이 뿔뿔이 흩어지고 가장이 상喪을 당하는 일이 실제로 벌어진 것입니다. 그래서 그 스님은 안택 이후 많은 번민과 참회懺悔를 했답니다.

요즈음 유명한 분들, 그리고 학생들의 자살이 늘어나고 있습니다. 아마도 내생의 존재를 믿지 못하기 때문이라 해야겠지요. 현실에서 희망을 발견하지 못하더라도 참고 기다리며 인내하다 보면 희망을 발견하게 되고, 마침내는 난관을 극복하게 되는 것입니다. 지금 나의 소중한 생명을 쉽게 버리는 것은 '죽으면 모든 것이 끝난다. 그리고 생전의 모든 죄업도 없어진다.'는 잘못된 의식이 문제입니다. 이런 것을 불교에서 단견斷見이라 하는 것입니다. 단견에 매몰된 잘못된 생각을 버려야 할 것입니다.

28

불수불탐분不受不貪分
누리지도 탐하지도 않는다

28-1

"수보리여! 보살이 항하의 모래 수만큼 세계에 칠보를 가득 채워 보시한다고 하자. 또 어떤 사람이 모든 법이 무아임을 알아 인욕을 성취한다고 하자. 그러면 이 보살의 공덕은 앞의 보살이 얻은 공덕보다 더 뛰어나다. 수보리여! 모든 보살들은 복덕을 누리지 않기 때문이다." 수보리가 부처님께 여쭈었습니다. "세존이시여! 어찌하여 보살이 복덕을 누리지 않습니까?" "수보리여! 보살은 지은 복덕에 탐욕을 내거나 집착하지 않아야 하기 때문에 '복덕을 누리지 않는다.'고 설한 것이다."

須菩提야 若菩薩이 以滿恒河沙等世界七寶로 持用布施
수보리 약보살 이만항하사등세계칠보 지용보시

어든 若復有人이 知一切法無我하야 得成於忍하면 此菩薩이
   약부유인 지일체법무아 득성어인 차보살

勝前菩薩의 所得功德이니 須菩提야 以諸菩薩이 不受福德
승전보살 소득공덕 수보리 이제보살 불수복덕

故니라 須菩提가 白佛言하시되 世尊하 云何菩薩이 不受福
고 수보리 백불언 세존 운하보살 불수복

德이니잇고 須菩提야 菩薩의 所作福德은 不應貪著일새 是故로
덕 수보리 보살 소작복덕 불응탐착 시고

說不受福德이니라
설 불 수 복 덕

　이상에서 복덕을 탐내어 보리를 얻으려는 허물을 막으신 부분이니, 설사 항하의 모래 같은 많은 세계에 칠보를 가득 채워 보시한 공덕과 온갖 법이 '나'가 없는 줄 알아서 확실한 지혜를 얻은 공덕과 서로 견준다면 나중의 공덕이 훨씬 뛰어나다고 말한 것은 무슨 이치인가? 보살이 무아無我의 마음 자세로 닦은 복덕은 법신을 장엄하는 것이어서 참된 복덕이 구족하기 때문입니다.

　• 야보선사 :

　"귀로 들어도 귀머거리 같고 입으로 말해도 벙어리와 같도다."

　"말을 모는 사람이 말 위의 임금으로 인하여 높음도 있고 낮음도 있어서 멀고 친함이 있더니, 하루아침에 말이 죽고 임금도 돌아가시니 그 친하던 사람들은 길 가는 사람과 같구나. 다만 예전 사람들도 예전에 놀던 곳으로 다시 돌아갔구나!"[166]

---

166 "耳聽如聾이요 口說如啞로다" "馬下人因馬上君하야 有高有下有疏親이러니 一朝에 馬死人歸去하니 親者가 如同陌路人이라 祇是舊時人이 改却舊時行履處로다"

일천 눈 중 하나라도 내 아들에게 주옵소서

앞에서 살펴본 인욕선인의 인욕행이나 양무제의 '공덕이 없다 [少無功德]'는 고사, 또 우리 고전의 하나인 심청전沈淸傳에서도 아버지의 눈을 뜨게 하려는 일념만으로 기도를 하였고, 탐하는 마음이 아닌 보리심을 발한 공덕은 마치 동해의 새우 한 마리가 자신의 친구였던 큰 몸과 힘을 가진 고래와 같이 되려고 발원한다는 오래된 고사故事처럼, 또 전쟁통에 눈을 잃은 자식의 눈을 뜨게 하려고 분황사 천수천안 관음상 벽화에 기도하던 한기리漢岐里 아낙 희명希明처럼,**167** 깊은 믿음으로 올리는 정성스러운 기도와 중생의 고통과 함께하는 보살의 마음이라야 가능할 것입니다.

"무루플 고조며
두 손바당 모호누아
천수 관음전 앞에
비술바 두누오다
즈믄 손 즈믄 눈흘
ᄒᆞ둔홀 노ᄒ ᄒᆞ둔홀 더웁디
둘 업는 내라
ᄒᆞᄃᆞ아 그즈지 고티누옷다라

---

167 『삼국유사』 권3 맹아득안조盲兒得眼條.

아으으 나에 기티샬돈
노ᄒ된 쏠 자비여 큰고”

위의 향가를 현대어로 번역해 봅니다.

"무릎 꿇고 두 손 모아
천수관음전 앞에 비옵나니
일천 손 하나를 내어
일천 눈 중 하나를 덜고
둘 다 없는 이 몸에게
하나만이라도 주옵소서.
아아! 나에게 주오시면
그 자비 얼마나 크리오.”

　 수보리가 부처님께 여쭈었습니다. "세존이시여! 어찌하여
보살이 복덕을 누리지 않습니까?” "수보리여! 보살은 지은 복
덕에 탐욕을 내거나 집착하지 않아야 하기 때문에 '복덕을 누
리지 않는다.'고 설한 것이다.”

• 야보선사 :

"치마에는 허리가 없고 바지는 입구가 없도다."

"물과 같고 구름 같은 한 꿈의 몸이여, 알 수 없어라. 이것 외에
다시 무엇과 친하리오. 이 가운데는 어떤 것도 용납을 불허하노
니 황매黃梅의 노상인에게 분부함이로다."[168]

보살은 복덕을 지으면서도 지었다는 생각이 없으므로 복덕을
받으려는 생각은 더욱이 없다는 말씀으로 이해합시다.

---

[168] "裙無腰袴無口로다" "似水如雲一夢身이여 不知此外에 更何親고 箇中에 不許
容他物하니 分付黃梅路上人이로다"

金剛般若波羅蜜經

㉙
위의적정분威儀寂靜分
나타난 위의가 고요하다

(24) 화신이 나타나서 복을 받는 것이 아닌가 하는 의심
　　(단화신출현수복의斷化身出現受福疑)

29-1

　"수보리여! 어떤 사람이 '여래는 오기도 하고 가기도 하며 앉기도 하고 눕기도 한다.'고 말한다면, 그 사람은 내가 설한 뜻을 이해하지 못한 것이다. 왜냐하면 여래란 오는 것도 없고 가는 것도 없으므로 여래라고 말하기 때문이다."

須菩提야 若有人이 言如來가 若來若去若坐若臥라하면 是
수보리　약유인　언여래　약래약거약좌약와　　시

人은 不解我所說義니 何以故오 如來者는 無所從來며 亦無
인　불해아소설의　하이고　여래자　무소종래　역무

所去일새 故名如來니라
소거　　고명여래

강설

　여기서는 (4) 화신이 나타나서 복을 받는 것이 아닌가 하는 의심을 말합니다. '부처님은 어디서 온다거나 어디로 가는 분이 아

니시다.'라는 뜻입니다. 여래如來는 범어 Tathāgata의 번역이며, 다타아가도多陀阿伽度라 음역합니다. 진리에 따라 왔고 진여에서 현출한 이를 가리키니, 곧 불타佛陀를 말합니다. 여래 십호十號를 살펴보면, ① 응공應供 : 인간과 천상으로부터 존경받고 공양 받을 자격이 있는 이. ② 정변지正遍知 : 바르고 완전하게 진리를 남김없이 깨달은 이. ③ 명행족明行足 : 삼명三明, 곧 천안통天眼通 숙명통宿命通 누진통漏盡通의 지혜와 신체와 언사의 행동이 모두 완전한 이. ④ 선서善逝 : 범어 sugata의 번역. 잘 가는 이, 곧 미혹의 세계를 잘 건너가서 다시 미혹으로 돌아오지 않는 이. ⑤ 세간해世間解 : 세간의 일을 모두 잘 아는 이. ⑥ 무상사無上士 : 세간에서 가장 높은 이. ⑦조어장부調御丈夫 : 중생을 잘 조복하고 제어해서 열반으로 인도하는 이. ⑧ 천인사天人師 : 천상과 인간 등 미혹의 세계를 잘 인도하는 큰 스승이란 뜻. ⑨ 불佛 : '불타'의 약칭으로 깨달은 이. ⑩ 세존世尊 : 많은 덕을 갖추어서 세간에서 존경받는 이.

여기서 여래如來는 '여거如去'라 번역하기도 하며 위의 여래십호如來十號의 총칭을 말합니다. 경문에서 다시 확인하십시다.

• 야보선사 :

"산문 앞에서 합장하고 불전佛殿 안에서 향을 사르도다."

"납승이 가을 구름을 거두어 가고 또 오니 몇 번이나 남악산과 천태산을 돌았던가? 한산과 습득이 서로 만나 웃으니 또 말해 봐라. 그 웃음은 무슨 뜻인가? 동행하되 한 걸음도 옮기지 않음을 웃어 보이도다."**169**

    떠돌이 두 승려가 동행했는데 한 걸음도 같이 간 적이 없다고 말하니, 그들은 온 바도 없고 간 적도 없습니다. 마음이 이미 깨달음과 하나 된 까닭입니다.

    여기서 말한 한산寒山과 습득拾得은 8세기를 살다 간 아무 상이 없는 도인道人들입니다. 본래 한산은 국청사國淸寺의 공양주였고 뒷산에 기거하는 습득은 가끔 국청사로 밥을 빌러 내려와서 한산과 도담道談을 주고받으면서 즐겁게 놀다 갑니다. 여기에 가끔 풍간豊干선사도 어울렸는데 다른 이들은 끼어들지도 못했답니다. 세월이 흘러 국청사 뒷산 바위굴에 긁적여 놓은 시들을 모아 후세 사람이 엮어서 『삼은시집三隱詩集』이라 하여 세상에 내놓으니, 하나같이 모두가 세상의 때를 멀리 떠난 시들입니다.

---

169 "山門頭에 合掌하고 佛殿裡에 燒香이로다" "衲捲秋雲去復來하니 幾迴南岳與 天台오 寒山拾得을 相逢笑하니 且道하라 笑箇甚麼오 笑道同行步不擡니라"

(25) 법신과 화신은 같은가 다른가 하는 의심
(단법신화신일이의斷法身化身一異疑)

30-1

"수보리여! 선남자 선여인이 삼천대천세계를 부수어 가는 티끌을 만든다면, 그대 생각은 어떠한가? 이 티끌들이 진정 많겠는가?" "매우 많습니다, 세존이시여! 왜냐하면 티끌들이 실제로 있는 것이라면 여래께서는 티끌들이라고 말씀하지 않으셨을 것이기 때문입니다. 그것은 여래께서 티끌들은 티끌들이 아니라고 설하셨으므로 티끌들이라고 말씀하신 까닭입니다.

須菩提야 若善男子善女人이 以三千大千世界로 碎爲微
수보리 약선남자선여인   이삼천대천세계   쇄위미

塵하면 於意云何오 是微塵衆이 寧爲多不아 甚多니다 世尊하
진 어의운하 시미진중 영위다부 심다 세존

何以故오 若是微塵衆이 實有者인댄 佛이 則不說是微塵衆
하이고 약시미진중 실유자 불 즉불설시미진중

이니 所以者何오 佛說微塵衆이 則非微塵衆일새 是名微塵
소이자하 불설미진중 즉비미진중 시명미진

衆이니이다
중

30-2

세존이시여! 여래께서 말씀하신 삼천대천세계는 세계가 아
니므로 세계라 말씀하십니다. 왜냐하면 세계가 실제로 있는
것이라면 한 덩어리[一合相]로 뭉쳐진 것이겠지만, 여래께서 한
덩어리로 뭉쳐진 것은 한 덩어리로 뭉쳐진 것이 아니라고 설
하셨으므로 한 덩어리로 뭉쳐진 것이라 말씀하셨기 때문입니
다." "수보리여! 한 덩어리로 뭉쳐진 것은 말할 수가 없는 것
인데 범부들이 그것을 탐내고 집착할 따름이다."

世尊하 如來所說三千大千世界가 則非世界일새 是名世
세존   여래소설삼천대천세계   즉비세계   시명세

界니 何以故오 若世界가 實有者인댄 則是一合相이니 如來가
계 하이고 약세계 실유자   즉시일합상   여래

說一合相은 則非一合相일새 是名一合相이니이다 須菩提야
설일합상   즉비일합상   시명일합상   수보리

一合相者는 則是不可說이어늘 但凡夫之人이 貪着其事니라
일합상자   즉시불가설   단범부지인 탐착기사

강설

여기서 (25) 법신과 화신은 같은가 다른가 하는 의심이 나옵니
다. 바로 앞에서 화신이 나타나 복을 받는 것이 아닌가 하는 의
심에서 여래는 '오거나 가는 분이 아니시다!'라는 판단을 받고

나서, 그러면 '화신이나 법신은 같은가 다른가?' 하는 의심을 하게 된다는 논리입니다.

선화 이야기 36

색신 밖에 법신 있고
생멸을 여의고 적멸을 구하는구나

『육조단경六祖壇經』 기연機緣 제7에 육조 혜능(六祖 慧能, 638~713)대사의 제자 중 『열반경』 전문가인 지도志道선사[170]가 육조스님께 여쭈었어요. "모든 사람에게 색신과 법신이 있는데 색신은 무상해서 나고 죽음이 있지만, 법신은 항상해서 지견도 없고 깨달음도 없습니다."

그런데 '생멸멸이生滅滅已하면 적멸위락寂滅爲樂'이라 하였으니, '어느 몸이 적멸한 것이며, 어느 몸이 즐거움을 받는 것입니까?'라는 잘못된 의심을 하고 있습니다.

이에 대해 육조께서 답하셨습니다.

"너는 사문의 몸으로 어찌하여 외도의 견해를 가지고 있느냐? 네 말대로 할 것 같으면 색신 밖에 따로이 법신이 있고 생멸을

---

170 지도(志道, ?) : 당대唐代 스님. 남해南海 사람. 육조六祖의 43인 전법제자傳法弟子 중 한 사람. 『열반경』을 공부하기를 10여 년, 육조를 배알拜謁하고 불생불멸不生不滅의 뜻을 깨달아 법을 잇는다.

여의고 적멸을 구하려 하는구나. 중생은 모든 법을 분별해서 바깥 경계에 집착해서 생사에 윤회하지만, 부처님은 항상 즐겁고 깨끗한 열반을 얻으셨으니 이런 즐거움은 받는 자도 없고 받지 못하는 이도 없으리라!"

"위없는 대열반이여, 두렷이 밝아 항상 고요히 비추는데
범부는 죽음이라 하고 외도는 끝났다고 하며
2승들은 무작無作이라 하나니,
모두 생각으로 분별한 것이라 62견見의 뿌리로구나.
망녕되이 헛된 이름을 세웠으니 무엇을 진실하다 하리오.
깨달은 사람은 밖으로 나타난 모든 색상과 음성이 평등하고
허깨비 같은 줄 알아서 범부나 성인의 견해를 짓지 않나니
온갖 법을 분별하면서도 분별한다는 마음을 먹지 않는다.
겁불[劫火]이 바다 밑까지 태우고 풍재風災가 닥쳐
산이 서로 부딪치더라도 참으로 항상한 적멸의 기쁨은
이처럼 항상 열반한 모습이네."[171]

---

171 "無上大涅槃이여 圓明常寂照어늘 凡愚謂之死하고 外道執爲斷하며
    諸求二乘人은 目以爲無作하나니 盡屬情所計라 六十二見本이로다
    妄立虛假名이어니 何爲眞實義리오 惟有過量人은 通達無取捨하야
    以知五蘊法과 及以蘊中我와 外現衆色像과 一一音聲相이
    平等如夢幻하야 不起凡聖見하고 不作涅槃解하야 二邊三際斷하야
    常應諸根用호대 而不起用想하며 分別一切法호대 不起分別想하며
    劫火燒海底하고 風鼓山相擊이라도 眞常寂滅樂은 涅槃相如是하니라"

이런 단경의 말씀을 생각하면서 경문을 보십시오.

• 야보선사 :

"만일 물에 들어가지 않으면 어찌 큰 사람인 줄 알리오!"

"한 먼지가 막 일어나니 그 먼지들은 허공을 간 듯하고 삼천세계를 가루로 부수니 그 수를 다 셀 수 없도다. 야노野老는 능히 거두고 수습하지 못하여 가르침에 맡겨 비를 따르고 또한 바람을 따르도다."172

위는 티끌과 세계와 한 덩어리의 관계를 말한 것이니, '세속제世俗諦로만 있는 것이지 진제眞諦로는 있는 것이 아니다.'라는 뜻입니다.

• 야보선사 :

"집합시키고 해산함이여! 병사들은 병부[印]를 따라 움직이도다."

"한 덩어리가 두 조각을 이룸이여, 쪼갠 것이 도리어 한 덩어리로다. 잘게 씹되 쪼개지는 말아야 바야흐로 그 맛이 온전함을 알리라."173

---

172 "若不入水면 爭見長人이리오" "一塵纔起翳磨空하니 碎抹三千數莫窮이로다 野老는 不能收拾得하야 任教隨雨又隨風이로다"
173 "捏聚放開여 兵隨印轉이로다" "渾圇成兩片이요 擘破卻團圓이라 細嚼莫咬破하야사 方知滋味全하리라"

㉛
지견불생분_{知見不生分}
지견을 내지 않는다

31-1

"수보리여! 어떤 사람이 여래가 '자아가 있다는 견해, 개아가 있다는 견해, 중생이 있다는 견해, 영혼이 있다는 견해를 설했다.'고 말한다면, 수보리여! 그대 생각은 어떠한가? 이 사람이 내가 설한 뜻을 알았다 하겠는가?" "아닙니다, 세존이시여! 그 사람은 여래께서 설한 뜻을 알지 못한 것입니다. 왜냐하면 세존께서는 자아가 있다는 견해, 개아가 있다는 견해, 중생이 있다는 견해, 영혼이 있다는 견해가 자아가 있다는 견해, 개아가 있다는 견해, 중생이 있다는 견해, 영혼이 있다는 견해가 아니라고 설하셨으므로 자아가 있다는 견해, 개아가 있다는 견해, 중생이 있다는 견해, 영혼이 있다는 견해라고 말씀하셨기 때문입니다."

須菩提야 若人이 言佛說我見人見衆生見壽者見이라하면
수보리 약인 언불설아견인견중생견수자견

須菩提야 於意云何오 是人이 解我所說義不아 不也니다 世
수보리 어의운하 시인 해아소설의부 불야 세

尊하 是人이 不解如來所說義니 何以故오 世尊이 說我見人
존 시인 불해여래소설의 하이고 세존 설아견인

見衆生見壽者見은 即非我見人見衆生見壽者見일새 是
견중생견수자견   즉비아견인견중생견수자견   시

名我見人見衆生見壽者見이니이다
명아견인견중생견수자견

31-2

"수보리여! 가장 높고 바른 깨달음을 얻고자 하는 이는 일체
법에 대하여 이와 같이 알고, 이와 같이 보며, 이와 같이 믿고
이해하여 법이라는 관념을 내지 않아야 한다. 수보리여! 법이
라는 관념은 법이라는 관념이 아니라고 여래는 설하였으므로
법이라는 관념이라 말한다."

須菩提야 發阿耨多羅三藐三菩提心者는 於一切法에 應
수보리   발아뇩다라삼먁삼보리심자   어일체법 응

如是知하며 如是見하며 如是信解하야 不生法相이니 須菩提
여시지   여시견   여시신해   불생법상   수보리

야 所言法相者는 如來가 說即非法相일새 是名法相이니라
  소언법상자   여래 설즉비법상   시명법상

강설

여기서는 분별심을 떠나 진리대로 바르게 관찰한다면 그에게
는 이미 법집法執이 있을 수 없을 것입니다. 결국 분별심으로는
여래의 경계를 알 수 없다는 이치이지요.

여기서 잠시 『화엄경』「보살문명품菩薩問明品」의 끝부분에서 열

분 보살이 함께, "어떤 것이 부처님의 경계이옵니까?"라고 질문
하자 문수보살이 다음과 같이 대답하십니다.

여래심경계如來深境界여 기량등허공其量等虛空하시니
일체중생입一切衆生入호대 이실무소입而實無所入이니라

여래의 깊고 깊은 경계는
그 분량이 허공과 평등하여서
일체의 중생들이 들어가지만
실로는 들어갈 데 없는 것이라.

비식소능식非識所能識이며 역비심경계亦非心境界라
기성본청정其性本淸淨을 개시제군생開示諸群生이시니라

인식으로 알 수 있는 것도 아니요
믿음으로 알 경계도 또한 아니니
그 성품 본래부터 청정하여서
이런 것을 중생에게 열어 보이네.

위 게송은 『불지론佛地論』이란 책에서, "부처님의 경계는 허공
외에는 비유할 만한 것이 없다."라 하였고, 이어서 "들어가도 흔
적이 없으니 비로소 진여라 할 수 있다. 진여는 본래 넓으면서
깊으니 언사를 초월하고, 깊으면서 넓으니 어찌 끝을 알 수 있겠

는가?"라고 하였습니다.

• 야보선사 :

"밥이 오면 입을 벌리고 잠이 오면 눈을 감아라."

"천 자[尺]나 되는 긴 실을 곧게 드리우니 한 물결이 막 일어나매 만 물결이 따르도다. 밤은 고요하고 물은 차가워서 고기가 물지 않으니 배에 가득히 허공에 뜬 달빛만 싣고서 돌아오도다."[174]

위의 내용을 살피면서 우리는 다시 한번 생각해 볼 일입니다. 외형적인 불사도 중요하지만 더욱 중요한 일은 내부적인 불사를 잘하여야 할 것입니다. 몇 년 전 해인사 청동대불 문제나 법주사 미륵부처님의 개금불사도 중생들의 삶과 무관하게 진행한다면, 부처님을 모시는 좋은 일을 해 놓고도 세간의 비난을 면할 수 없을 것입니다. 그러니 다시 한번 경문을 읽어 보면서 살펴보기 바랍니다.

---

174 "飯來開口하고 睡來合眼이로다" "千尺絲綸直下垂하니 一波纔動萬波隨라 夜靜水寒魚不食하니 滿船空載月明歸로다"

32

응화비진분應化非眞分

응신과 화신은 진실이 아니다

(26) 화신의 설법은 복이 없지 않을까 하는 의심
　　(단화신설법무복의斷化身說法無福疑)

32-1

삼신비일비이지복三身非一非異之福

"수보리여! 어떤 사람이 한량없는 아승지 세계에 칠보를 가
득 채워 보시한다고 하자. 또 보살의 마음을 낸 어떤 선남자
선여인이 이 경을 지니되 사구게만이라도 받고 지니고 읽고
외워 다른 사람을 위해 연설해 준다고 하자. 그러면 이 복이
저 복보다 더 뛰어나다. 어떻게 남을 위해 설명해 줄 것인가?
설명해 준다는 관념에 집착하지 말고 흔들림 없이 설명해야
한다. 왜냐하면

須菩提야 若有人이 以滿無量阿僧祇世界七寶로 持用布
수보리　약유인　이만무량아승지세계칠보　지용보

施어든 若有善男子善女人이 發菩薩心者가 持於此經하야
시　　약유선남자선여인　발보살심자　지어차경

乃至四句偈等을 受持讀誦하야 爲人演說하면 其福勝彼하리니
내지사구게등　수지독송　위인연설　기복승피

云何爲人演說고 不取於相하야 如如不動이니라 何以故오
운하위인연설　불취어상　여여부동　　하이고

이제 마지막으로 응신과 화신은 진실이 아니라는 전제 아래에서, 먼저 <u>(26) 화신의 설법은 복이 없지 않을까 하는 의심</u>을 말합니다.

위의 경문은 모양에 집착하지 말고 진여의 모습대로 동요함이 없어야 한다는 결론을 말씀한 부분입니다.

• 야보선사 :

"설하려면 무슨 어려움이 있으리오. 지금 다시 청하노니, 자세히 듣고 자세히 들으라."

"행주좌와하고 시비하고 '나'다 '남'이다 하는 것이 이것을 떠나 있지 않거니와, 또한 이것이라 하면 당장 얼굴에 침을 뱉으리라. 평생 가슴에 품은 생각을 일시에 쏟아 놓으니 사구게 묘한 문을 모두 설파했도다."[175]

"어떻게 남을 위해 설명해 줄 것인가? 설명해 준다는 관념에 집착하지 말고 흔들림 없이 설명해야 한다."

---

[175] "要說인댄 有甚難이리오 卽今便請하노니 諦聽諦聽하라" "行住坐臥와 是非人我와 忽喜忽嗔이 不離這箇어니와 祇這箇라하면 驀面唾호리라 平生肝膽을 一時傾하니 四句妙門을 都說破로다"

• **야보선사 :**

" ∴ "

"마지막 한 구절이 비로소 뇌간(牢關, 견고한 관문)에 이르렀으니 바로 3세의 모든 부처님이 네 개의 눈으로 서로 보는 것이며, 육대조사六代祖師가 물러설 분이 있도다. 가히 이르되 강물이 철저히 얼었으니 물이 흐르려야 통하지 못하고, 눈에 가시가 가득하매 발 들여 놓기도 어렵구나!

이 속에 이르러서는 한 터럭을 더하더라도 마치 눈 속에 가시를 둔 것 같고, 한 터럭을 빼더라도 살 위의 부스럼과 같으니, 앉아서 요긴한 길을 끊으려는 것이 아니라 대저 법을 아는 자에게 두려움이 되기 때문이니라. 비록 그렇지만 불법이 다만 이와 같을진대 문득 육지가 꺼짐을 볼 것이니, 어찌 (조사의) 등燈과 등燈이 불꽃을 이음이 있으리오.

천川상좌(야보 자신)는 오늘 사나운 호랑이 입속에서 음식을 빼앗으며, 사나운 용의 턱 속에 있는 구슬 꿰는 것을 면치 못함이니, 선성先聖의 묘문을 활짝 열어 후학들의 몸이 나아가는 데 길이 있게 하리니 한 길을 터놓는 것이 또 어찌 방해되리오.

말한즉 온전히 법체를 나타냄이요, 묵묵한즉 홀로 진상眞常을 드러냄이며, 움직인즉 한 마리 학이 조각구름으로 날아감이요, 고요한즉 앞산이 펼쳐짐이로다.

한 걸음을 들면 마치 코끼리가 돌아보는 듯하고, 한 걸음을 물러서면 사자가 기지개를 켜며 포효하는 것 같으니 법왕의 법령法令을 마땅히 행함이라. 곧 능히 법에 있어서 자재함이로다. 다만 저 마지막 한 구절을 또 어떻게 말할 것인가? 또한 자세히 알겠는가!

구름은 고갯마루에 걸려   한가히 걷히지 않고
물은 시내로 흐름이   너무 빠르도다."[176]

어떤 생각도 갖지 않고 그대로 두어 물 흐르듯 하게 하여야 합니다. 무슨 생각이라도 가지는 순간 호랑이 발톱에 채이고 사자 이빨에 물어뜯길 것이니까요! 원상 속에 세 점이 있음은 텅 빈 것 같지만 모든 것을 포함한다는 뜻입니다.

(27) 적멸에 들면 어떻게 설법하나 하는 의심
(단입적여하설법의斷入寂如何說法疑)

32-2

일체 모든 유위법은   꿈·허깨비·물거품·그림자

---

[176] "원이삼점圓伊三點" "末後一句가 始到牢關하니 直得三世諸佛이 四目相觀이며 六代祖師가 退身有分이라 可謂是江河徹凍에 水泄不通이요 極目荊榛에 難爲措足이로다 到這裡하야는 添一絲毫라도 如眼中著刺요 減一絲毫라도 似肉上剜瘡이니 非爲坐斷要津이라 盖爲識法者恐이니라 雖然恁麼나 佛法이 只如此인댄 便見陸地平沈이니 豈有燈燈續焰이리오 川上座는 今日에 不免向猛虎口中奪食하며 獰龍頷下穿珠하야 豁開先聖妙門하야 後學이 進身有路케호리니 放開一線이 又且何妨이리오 語則全彰法體요 默則獨露眞常이며 動則隻鶴片雲이요 靜則安山列嶽이라 擧一步에 如象王回顧요 退一步에 若師子嚬呻이니 法王法令을 當行이라 便能於法에 自在로다 祇如末後一句를 又作麼生道오 還委悉麼아 雲在嶺頭閑不徹하고 水流澗下太忙生이로다"

이슬·번개 같으니　　　이렇게 관찰할지라.”

一切有爲法이　　如夢幻泡影하며
일 체 유 위 법　　여 몽 환 포 영

如露亦如電하니　　應作如是觀이니라
여 로 역 여 전　　응 작 여 시 관

강설

　　다음으로 (27) 적멸에 들면 어떻게 설법하나 하는 의심을 말하
고 있습니다.

　　부처님은 항상 적멸에 들어 계신다는데 어떻게 설법하실 수가
있을까[177] 하고 의심합니다. 적멸은 양변兩邊에 치우친 견해를 지
양한 '중도의 지견'을 말하는데 그것을 알아채지 못하면 이런 어
리석은 질문을 하고 마는 것입니다.

• 야보선사 :

“배를 움직이는 것은 다 키[櫓] 잡은 사람에게 달려 있다.”

177　제18 상구불지주上求佛地住이니 위로 불지를 구해 들어가는 지위입니다. 역시
　　구경무아분 끝부분의 “我當莊嚴佛土 是不名菩薩” 이하 정종분 끝까지의 법문
　　으로서, 다음과 같이 여섯 단계로 나누어 불지를 향해 들어갑니다. 여섯째, 위
　　없는 마음이 구족한 단계[無上心具足]입니다. 제22 무법가득분無法可得分에서
　　“佛得阿耨菩提 爲無所得耶”으로부터 제32 응화비진분應化非眞分에서 “應作如
　　是觀”까지의 법문으로서 모두가 11분分의 경문이 여기에 속하지만 한마디로
　　부처님의 마음씨를 풀이한 것이라 이해하면 되겠지요.

"물 가운데서 달을 건지고 거울 속에서 얼굴을 찾는구나. 배에 새겨 놓아 칼을 찾으며 소를 타고 소를 찾음이로다. 허공 꽃과 아지랑이이고 꿈과 환화와 뜬 물거품이로다. 모두가 붓끝에 있음이요, 쉬고 싶으면 곧 쉬나니 천한 노래와 막걸리와 시골의 즐거움들이 풍류가 없는 곳에서 저절로 풍류롭도다."**178**

이 게송은 『금강경』의 네 번째 사구게입니다. 남북대화와 금강산 관광사업에 힘을 쏟다가 2003년 8월 초에 갑작스레 타계他界한 고故 정몽헌鄭夢憲 현대아산 회장님의 영전靈前에 지금은 고인이 되신 조계종 총무원장 법장法藏스님이 보낸 『금강경』 게송이기도 합니다. 참으로 세상은 맺혔다가 사라지는 아침 이슬과도 같습니다. 정치나 경제적인 관점을 떠나 진리의 관점으로 이해하지 않으면 도저히 이번 일은 이해할 수 없을 텐데요. 주위 사람들에게 가혹한 말일지 모르지만 이럴 때 홀연히 발심할 수 있는 것이 아닐까요?

---

178 "行船이 盡在把梢人이로다" "水中捉月이요 鏡裡尋頭로다 刻舟求劍이요 騎牛覓牛로다 空華陽燄이요 夢幻浮漚로다 一筆句下요 要休便休니 巴歌社酒村田樂이 不風流處自風流로다"

부처님께서 이 경을 다 설하시고 나니, 수보리 장로와 비구·
비구니·우바새·우바이와 모든 세상의 천신·인간·아수
라들이 부처님의 말씀을 듣고 매우 기뻐하며 믿고 받들어 행
하였습니다.

佛說是經已하시니 長老須菩提와 及諸比丘比丘尼와 優婆
불 설 시 경 이　　　　 장 로 수 보 리　　 급 제 비 구 비 구 니　　 우 바

塞優婆夷와 一切世間天人阿修羅가 聞佛所說하옵고 皆大
새 우 바 이　 일 체 세 간 천 인 아 수 라　　 문 불 소 설　　　　 개 대

歡喜하야 信受奉行하니라
환 희　　　 신 수 봉 행

강설

• 야보선사 :

"30년 후에 노승을 망각하지 말지니, 알 수 없구나. 누가 은혜
를 아는 자인가? 하하, 장차 사람이 없다 하리라."

"주리면 밥을 먹고 목마를 때에 장漿(간장물)을 얻으며 병든 이는
쾌차하고 더우면 시원함을 얻은 것이다. 가난한 이 보물을 만나
고 어린이는 어머니를 만나도다. 표류하던 배가 언덕에 이르고
외로운 길손 고향에 돌아오니 가뭄에 단비 만남이요, 나라에는
충신과 선량이 있도다. 사방의 오랑캐 예배하고 팔방에서 항복

하여 오도다. 두두頭頭가 다 옳고 물물物物이 온전히 드러난다. 고, 금, 범, 성과 지옥, 천당과 동서남북을 사량하지 말지니, 찰진세계의 모든 중생들이 모두 함께 금강金剛 대도량에 들어가도다."**179**

　떠돌던 자들은 결국 고향집에 돌아오고, 배가 고프면 먹을 것을 찾게 되며, 마침내 깨달음에 이르게 되는 것입니다.

선화 이야기 37
대장부 가는 곳마다 고향 아닌 데가 없는데

남아도처시고향 男兒到處是故鄉　　기인장재객수중 幾人長在客愁中
일성할파삼천계 一聲喝破三千界　　설리도화편편홍 雪裏桃花片片紅

대장부 가는 곳마다 고향 아닌 데가 없는데
얼마나 많은 이들이 오래도록 나그네 시름 속에 있는가.
한마디 큰 소리로 온 우주의 감춰진 진리를 드러내니
눈 속에도 복사꽃이 활짝 펴서 송이송이 붉구나.

---

179 "三十年後에 莫敎忘却老僧이니 不知커라 誰是知恩者오 呵呵 將謂無人이로다"
"饑得食渴得漿하고 病得瘥熱得凉이라 貧人이 遇寶하고 㜷兒가 見孃이로다 飄舟가 到岸이요 孤客이 歸鄉이라 早逢甘澤이요 國有忠良이로다 四夷拱手하고 八表來降이라 頭頭總是요 物物全彰이로다 古今凡聖과 地獄天堂과 東西南北을 不用思量이니 刹塵沙界諸群品이 盡入金剛大道場이로다"

만해 한용운(卍海 韓龍雲, 1879~1944)스님이 1917년 12월 3일 밤 설악산 오세암五歲庵에서 좌선 중에 어떤 물건이 떨어지는 소리를 듣고 문득 깨달음을 얻은 후 읊었다는 게송입니다. 마음의 고향을 떠나 길 찾던 나그네가 고향집에 돌아와 읊었던 깨달음의 노래입니다.

그 후 만해스님은 만공滿空선사에게 찾아가 자신이 지은 오도송悟道頌이라며 읊었습니다. 만공선사는 오도송의 마지막 글자인 '飛(비)' 자를 '紅(홍)' 자로 바꾸는 게 좋겠다고 말했고, 그래서 만해가 '紅' 자로 바꿨다는 것입니다. 이처럼 오랫동안 길을 떠났다가 고향을 찾은 나그네가 남기는 게송을 우리는 오도송悟道頌이라 말합니다.

금강산 보덕굴의 유래 :
회정대사와 보덕 각시의 전설

회정스님이 금강산 송라암松蘿庵에서 불도를 닦을 때였습니다. 그는 항상 관세음보살을 만나게 해 달라고 빌면서 온갖 정성을 다 들였습니다. 그렇게 3년을 채우던 날, 꿈에 흰옷을 입은 할머니가 나타나더니 말했습니다.

"강원도 양구 방산에 가면 '몰골옹'과 '해명방'이라는 도사들이 살고 있으니 마땅히 그곳으로 가라."

꿈이 하도 이상해서 회정스님은 그 길로 양구陽九 방산方山을 찾아갔습니다. 방산을 두루 찾아다니다가 어느 산골짜기에 들어가니 초가집 하나가 있었습니다. 주인을 찾으니, 새끼줄로 머리를 동여매고 눈물과 콧물로 범벅이 된 꾀죄죄한 노인 한 사람이 나왔습니다. 그나마 사람을 만난 것이 반가워서 몰골옹이라는 사람을 물으니 자기가 바로 그 사람이라는 것이었습니다. 허망하기도 하고 우습기도 했지만, 꿈속에서 들은 인물이 있는 것이 신기해서 그날 밤은 그곳에서 묵기로 했습니다. 그날 저녁을 먹으면서 '해명방'이라는 사람을 물으니 그 역시 이곳에서 그리 멀지 않은 곳에 산다고 말하는 것이었습니다.

　이튿날, 해명방이 사는 곳을 자세히 물어서 그곳을 찾아 나섰습니다. 몰골옹이 알려준 집에 이르니, 집 앞 냇가에서 계집아이 하나가 빨래를 하고 있었습니다. '어디서 오는 스님이냐'고 묻길래 회정스님은 '금강산에서 오는 길'이라고 하면서, '해명방이라는 분이 계시느냐'고 물었습니다. 그 계집아이는 "아버님이신데 곧 돌아오실 것입니다."라며 "잠시 후에 제 아버지를 만나면 옳은 일이든 그른 일이든 시키는 대로 해야지 그렇지 않으면 목숨을 부지하기가 어려울 것입니다."라고 말하는 것이었습니다.

　과연 잠시 후 해명방이 돌아왔습니다. 키는 9척이나 되었는데, 등에는 거대한 나뭇짐을 지고 있었습니다. 그는 회정스님을 보더니 "웬 놈이냐?" 하며 막무가내로 내쫓아 버렸습니다. 쫓겨난 회정은 다시 들어갔지만, 이번에는 나무 작대기를 휘두르면서 내쫓는 것이었습니다. 이렇게 다시 들어갔다가 쫓겨나기를 여러 차례 하였습니다. 회정스님은 속으로 매우 언

짧았지만 자기가 꾸었던 꿈도 있고, 그 딸아이가 말해 주었던 것도 있어서 꾹 참았습니다. 다시 정신을 가다듬고 해명방의 방으로 들어갔더니, 해명방은 '그놈 참 담도 크다'며 불쑥 하는 말이, "기왕 여기까지 왔으니 내 사위가 되겠느냐."는 것이 었습니다.

회정스님은 펄쩍 뛰면서, "불도를 닦는 중이 어찌 결혼을 하겠습니까?" 하며 거절했습니다. 그러자 해명방은 소리를 고래고래 지르면서 자기 딸과 혼인할 것을 강요했습니다. 회정스님은 딸의 말이 다시 생각이 나서 할 수 없이 허락하였습니다.

2~3일쯤 지났는데, 해명방이 불도의 심오한 이치를 설명해 주는 것이었습니다. 회정스님으로서는 도저히 알아들을 수 없었는데, 해명방의 딸이 자세히 설명해 주어서 알아들을 수 있었습니다. 그렇게 28일이 지났는데, 회정스님은 갑자기 고향을 다녀오고 싶은 생각이 들었습니다. 그래서 겨우 말미를 얻어서 해명방의 집을 떠났습니다. 가는 길에 몰골옹의 집에 들렀는데, 몰골옹이 말했습니다.

"그대는 보현보살과 관세음보살을 버리고 어디로 떠나려고 하는가?"

그제야 해명방이 '보현보살'이고 그 딸이 '관세음보살'의 화신이라는 생각이 들어 다시 오던 길을 되짚어 돌아갔습니다.

그러나 살던 집은 온데간데없고 바위 옆에 이름 모를 꽃들만 가득했습니다. 어쩔 수 없이 다시 몰골옹의 집으로 돌아왔더니 그곳 역시 아무것도 없었습니다. 몰골옹은 문수보살의 화신이었던 것입니다. 회정스님은 비로소 보살들의 신묘한 재주와 가르침에 감탄하면서 다시 금강산 송라암으로 돌아왔습니다.

다시 불도를 닦던 중에 옛날 꿈에서 보았던 흰옷의 할머니가 다시 나타나서 이렇게 말하는 것이었습니다.

"그대는 전생에 보덕普德이라는 스님으로 만폭동에서 도를 닦던 사람이다. 거기에 불도를 닦던 옛터가 남아 있는데 어찌하여 찾아가 보지 않는가?"

꿈에서 깨어난 회정스님은 만폭동 쪽으로 가 보았습니다. 그런데 시냇가에서 해명방의 딸이 빨래를 하고 있는 것이 아닌가요. 너무나 반가워서 계속 말을 걸어 보았지만 여자는 뒤도 돌아보지 않고 어디론가 열심히 가는 것이었습니다. 한참을 쫓아갔는데, 어느 순간 홀연 종적을 감추고, 회정스님은 너럭바위에 앉아 한숨을 쉬고 있었습니다. 그런데 바위 아래 소沼에 여인의 그림자와 굴이 비치는 것입니다. 고개를 들어 쳐다보니 과연 굴이 하나 있었습니다. 넝쿨을 부여잡고 절벽을 기어올라 갔더니 과연 그 여자가 굴 안에서 나와 "불도를 열심히 닦으라."라는 말을 남기고 사라졌습니다.

회정스님은 이에 감탄하면서 바위 벽에 '관세음보살이 늘 거처하는 보덕굴[상주진신보덕굴常住眞身普德窟]'이라고 써 붙이고, 굴 앞에 초막을 지어 불도를 열심히 닦았다고 합니다.

강의를 끝내면서

『금강경』이 이렇게 끝나는데,『금강경』은 전체적으로 간결하면서도 드러내야 할 반야공般若空의 지혜를 남김없이 다 드러낸 경전이라는 평가를 받고 있습니다. 특히 본 강의에서는 선적인 부분을 드러내고 좀 더 쉽고 재미있게 꾸며 보았지만 혼자만의 망상은 아니었는지 모르겠습니다. 어쨌든 경전을 공부하는 데에도 재미를 느낄 수 있다면 금상첨화錦上添花가 아닐까 싶어 선화 이야기를 넣어서 편집해 보았습니다.

그리고 『금강경』을 읽고 수행하는 동안 일상생활의 모습도 웰빙시대에 맞게 바뀌었으면 하는 바람을 갖고 있습니다. 저는 항상 법회 때마다 일찍 자고 일찍 일어나 새벽예불 및 기도에 동참하면서, 오래된 생활습관부터 바꾸어 나가는 올바른 불자의 생활태도를 가지도록 권유해 왔습니다. 앞으로도 계속 펼쳐갈 것입니다. 시작하면서 말씀드린 약속들이 계속 지켜지고 있는지 점검해 보시기 바랍니다. 내가 바뀌어야 세상도 바뀝니다.

이런 마음으로 조계종도曹溪宗徒의 가장 중요한 교과서인『금강경』을 실천함으로써,『금강경』의 지혜를 좀 더 심도 있게 공부하시고 수지독송 위타인설하실 것을 권하면서 글을 맺습니다.

재미있는
금강경 강의

초판 발행	2006년 4월 28일
개정1판 발행	2009년 3월 4일
개정2판 1쇄 발행	2025년 2월 24일

。
편저	서봉 반산
펴낸이	오세룡
편집	윤예지 손미숙 박성화 여수령 정연주
기획	곽은영 최윤정
디자인	고혜정 김효선 최지혜
홍보·마케팅	정성진

。
펴낸곳	담앤북스
	서울특별시 종로구 새문안로3길 23
	경희궁의 아침 4단지 805호
대표전화	02)765-1250(편집부) 02)765-1251(영업부)
전송	02)764-1251
전자우편	dhamenbooks@naver.com

。
출판등록 제300-2011-115호

。
ISBN 979-11-6201-555-1 (03220)
정가 18,000원

。